Thierry Libaert
Karine Johannes

LA COMMUNICATION CORPORATE

DUNOD

ISBN 978-2-10-054587-2

LA COMMUNICATION CORPORATE

Autres ouvrages de Thierry Libaert

La communication verte : l'écologie au service de l'entreprise, Liaisons, 1992. Médaille 1993 de l'Académie des Sciences Commerciales.

La communication de proximité : communication locale, communication de terrain, 2e édition, Liaisons, 2001.

La communication d'entreprise, 2e édition, Economica, 2005.

La communication interne, avec Nicole d'Almeida, 6e édition, Dunod, 2010.

Le plan de communication, 3e édition, Dunod, 2008. Traduction espagnole, *El plan de comunicacion organizacional*, Noriega, 2005. Traduction roumaine, *Planul de comunicare*, Polirom, 2009.

La communication de crise, 3e édition, Dunod, 2010. Traduction roumaine, *Comunicarea de criza*, C.H. Beck, 2008.

La Transparence en trompe-l'oeil, Descartes et Cie, 2003.

Communication : la nouvelle donne, Village Mondial, 2004. Parution sous un nouveau titre pour la 2e édition en juin 2008 : *Communiquer dans un monde incertain*.

Les tableaux de bord de la communication, avec André de Marco, Dunod, 2006.

Environnement et entreprises. Au-delà des discours, avec Dominique Bourg et Alain Grandjean, Village Mondial, 2006.

Le développement durable, avec André-Jean Guérin, Dunod, 2008.

La communication externe, avec Marie-Hélène Westphalen, Dunod, 2008.

La communication des associations, avec Jean-Marie Pierlot, Dunod, 2009.

Le Communicator, avec Marie-Hélène Westphalen, Dunod, 2009.

Introduction à la communication, Dunod, 2009.

Site Web de l'auteur : http://tlibaert.info

Sommaire

Chapitre 3
Identité, image et réputation

Chapitre 4
Planifier la communication corporate

Chapitre 5
Les champs d'expression de la communication corporate

Chapitre 6
Les techniques de la communication corporate

Chapitre 7
Sites corporate, Web 2.0, médias sociaux

Avant-propos

Qu'elle soit appelée communication corporate, communication institutionnelle, communication d'entreprise ou d'organisation, la tendance des entreprises ces dernières années à se dévoiler, à parler d'elles-mêmes et à communiquer autour de la « personne morale » derrière leurs produits et services ne peut qu'être soulignée.

Les professionnels du secteur considèrent la communication corporate comme la discipline la plus importante avant la communication produits. Figurant au premier rang des responsabilités du directeur de communication, la communication corporate revêt un enjeu stratégique, qui ne fait que s'affirmer davantage dans le climat actuel de méfiance du public envers les entreprises.

Mais la communication corporate, plus qu'une nouvelle discipline, ou une branche de la communication, est un positionnement stratégique, un point de vue global sur la communication et sa gestion.

Elle donne une cohérence, une signature unique aux multiples actions et discours communicationnels.

Au-delà d'une démarche de distinction, il s'agit de gagner une légitimité sociale en présentant l'entreprise derrière les marques, en la positionnant comme une institution, ayant une ligne de conduite, des valeurs, une mission, en parlant de ce que l'entreprise est, et plus seulement de ce qu'elle fait.

Cet ouvrage se propose d'apporter une définition de la communication corporate, de montrer ses spécificités, d'en expliquer les enjeux, les champs d'application et les principales techniques.

En partant d'une compréhension des liens étroits entre la communication corporate, les relations publiques et le marketing, nous explorerons l'importance de ces actifs immatériels stratégiques que sont l'image et la réputation.

Cette réflexion s'ancrera dans un contexte sociétal mouvant, voyant notamment l'évolution des publics cibles et l'avènement des canaux de communication du Web 2.0, témoins d'un nouvel ordre de relations et de nouvelles modalités pour les entreprises de faire lien avec les sociétés dans lesquelles elles sont actives.

Par ailleurs, notre propos s'appuie autant sur des données factuelles et statistiques que sur des éclairages d'experts et de chercheurs dans le domaine de la communication d'entreprise. Une mise en perspective internationale a également guidé l'élaboration de cet ouvrage.

La communication corporate représente une réponse pertinente aux enjeux actuels de la communication. Elle donne un sens aux activités économiques, apporte cohérence et continuité aux discours de l'entreprise et constitue le trait d'union entre les préoccupations sociétales et la ligne de conduite des firmes.

Chapitre 1

Communication corporate, institutionnelle ou d'entreprise ?

La « communication corporate » est un anglicisme, venant du terme *corporate communication*.

Les termes « communication institutionnelle », « communication d'entreprise » ou encore « communication d'organisation » sont également utilisés pour désigner la même réalité, la communication de l'entreprise en tant que corps social et économique.

Le mot « communication institutionnelle » renvoie au fait qu'en communiquant sur elles-mêmes, les entreprises et les organisations se présentent comme des institutions, investies d'une mission et véhiculant des valeurs.

Certains auteurs (ex. : Patrick d'Humières[1]) estiment que le « corporate » est plus large que l'« institutionnel ». Le corporate engloberait toutes les dimensions de l'entreprise, tandis que l'institutionnel renvoie essentiellement à l'entreprise citoyenne.

Le terme de « communication d'organisation » a, quant à lui, l'avantage sur celui de « communication d'entreprise » d'inclure tous types d'organisations et pas seulement les organisations commerciales et marchandes.

Cependant, la communication stratégique ayant été popularisée dans le champ des entreprises, l'appellation « communication d'entreprise » continue à être couramment utilisée.

La communication corporate a l'avantage de fédérer ces différentes visions et les différentes formes de communication, tout en renvoyant à une dimension managériale.

I. DÉFINITION

Nous nous en tiendrons ici à l'idée principale, à savoir que la communication corporate désigne la communication où l'entreprise parle d'elle-même, de son identité, de sa mission et de ses valeurs

1. D'Humières, 1993.

et se présente comme personne morale, au-delà de ses produits et services.

L'objet de la communication est donc également le sujet qui en est à l'origine.

Par ailleurs, le terme « corporate » renvoie à l'idée de « corpus », de faire corps. La communication corporate est une prise de parole de l'entreprise comme un tout, un corps unifié. Elle a comme objectif de souder, de gagner l'adhésion de ses parties prenantes, internes et externes.

La communication corporate est souvent définie en opposition à la communication produits et au marketing.

Plus qu'un véritable antagonisme, nous voyons plutôt une complémentarité. Le corporate complète et prolonge les promesses commerciales, y ajoutant un discours d'engagement de l'entreprise dans les questions et les préoccupations sociétales.

Plusieurs dimensions se retrouvent dans le concept de communication corporate.

La communication corporate a pour principale vocation d'affirmer la personnalité propre de l'entreprise, de lui assigner une identité distincte et cohérente. Elle vise à favoriser et à établir des relations favorables avec les parties prenantes et les groupes desquels l'entreprise est dépendante, en gérant son image et sa réputation.

Elle couvre donc les actions stratégiques de communication dans lesquelles l'entreprise est l'objet de son propre discours.

Mais la communication corporate renvoie également à une fonction de management qui gère et coordonne les différentes spécialisations communicationnelles. Elle constitue l'application de la stratégie d'entreprise par la communication.

Pour Van Riel[1], par exemple, la communication corporate renvoie à :

> « un instrument de management par lequel toutes les formes de communication, internes et externes, utilisées consciemment, sont harmonisées de la manière la plus efficace et la plus efficiente possible. »

Pour Cornelissen[2], la communication corporate est :

> « une fonction de management qui offre le cadre pour une coordination effective de toute la communication interne et externe avec comme objectif d'établir et de maintenir une réputation favorable auprès des groupes de parties prenantes desquels l'organisation dépend. »

1. Van Riel, 1992.
2. Cornelissen, 2004.

La communication corporate est conçue comme une approche intégrée et globale de la communication de l'entreprise. Il s'agit d'adopter un point de vue transversal, une vue d'ensemble sur toutes les actions mises en place vers l'ensemble des parties prenantes. En reprenant les termes de Van Riel :

> « La communication corporate n'est pas une nouvelle profession, mais une nouvelle façon de voir la communication. »

La communication corporate a donc une double caractéristique : elle possède son champ d'expression propre (l'entreprise en tant qu'institution) tout en constituant la ligne directrice, le concept unificateur des multiples expressions et communications de l'entreprise.

Cette spécificité se traduit d'ailleurs par le fait que la communication corporate s'adresse au « grand public ». Elle n'a pas de cible définie mais doit parler à tous les publics à la fois.

II. LA COMMUNICATION CORPORATE EN PRATIQUE : FAITS ET CHIFFRES

Selon une récente enquête européenne (*European Communication Monitor*, 2009), la communication corporate est considérée par les professionnels comme l'aspect le plus important de la communication d'entreprise, devant la communication produits, la communication de crise, la communication interne et le *lobbying*.

Elle figure également en première ligne des responsabilités des directeurs de communication français (selon « L'observatoire des rémunérations », *Entreprises et Médias*, novembre 2009).

Cependant, malgré cette importance il n'existe que peu de données systémiques et actualisées sur le secteur de la communication corporate.

Les dépenses en communication des annonceurs français s'élevaient à 29,798 milliards d'euros pour l'année 2009 (Irep – France Pub).

Tableau 1.1 – Most important disciplines in communication management

1	*Corporate communication*
2	*Marketing/Brand and Consumer Communication*
3	*Crisis Communication*
4	*Internal Communication and Change Management*
5	*Public Affairs/Lobbying*

Source : *European Communication Monitor*, 2009.

Tableau 1.2 – Les responsabilités du directeur de communication

En pourcentages	2007	2009
Stratégie, communication corporate	100	97
Relations presse, com. de crise	100	100
Relations publiques	89	95
Communication interne	88	82
Communication managériale	75	75
Marque	-	78
Communication commerciale	38	42
Communication financière	64	NS
Développement durable	50	50
Lobbying	33	32

Source : « L'observatoire des rémunérations », *Entreprise et Médias*, novembre 2009.

Selon le dernier baromètre UDA-CSA sur la communication d'entreprise[1], les budgets moyens alloués à la communication corporate s'élevaient à 3 milliards d'euros en 2007 et la communication corporate est intégrée par 93 % des entreprises françaises.

Cette même source souligne que les principales cibles de la communication corporate sont les journalistes, les publics internes et les clients professionnels. La société civile et le monde politique sont également considérés comme plus importants depuis quelques années, reflétant notamment un recentrage des thèmes corporate prioritaires sur les valeurs, et particulièrement sur le développement durable.

III. LES FONCTIONS DE LA COMMUNICATION CORPORATE

Les enquêtes menées auprès des responsables de la communication corporate[2] révèlent qu'ils conçoivent leurs principales fonctions comme étant :

– de construire et de gérer l'image et la réputation de l'entreprise ;

1. 6e édition, 2007.
2. Corporate Communication International Study et European Communication Monitor, 2009.

– de conseiller le dirigeant d'entreprise ;

– de développer une politique de communication en accord avec la stratégie globale.

Parallèlement à ces dimensions stratégiques, on peut articuler les fonctions assignées à la communication corporate autour de trois axes :

– **Une fonction d'émission :** être une source d'information sur l'entreprise, gérer sa publicité, gérer la marque corporate et être un support au marketing, communiquer les positions de l'organisation aux parties prenantes, gérer la citoyenneté de l'entreprise.

– **Une fonction d'écoute :** être à l'écoute des parties prenantes, de l'opinion publique.

– **Une fonction d'interface :** gérer les relations avec les parties prenantes externes, gérer les relations avec les employés, aider les membres de l'organisation dans leurs démarches communicationnelles, aider le management à répondre aux demandes des parties prenantes.

IV. LES PRINCIPAUX ENJEUX DE LA COMMUNICATION CORPORATE, « AU-DELÀ DE L'IMAGE »

Nous avons emprunté le titre de l'ouvrage de Philippe Schwebig[1] pour souligner que la politique d'image, dans laquelle s'inscrit la communication corporate, repose sur des enjeux fondamentaux pour l'entreprise.

La communication corporate contribue notamment à :

– **Redonner du sens à l'entreprise** dans un contexte de délégitimation des entreprises, de méfiance par rapport aux discours commerciaux, et d'aspiration des publics à des valeurs essentielles. Par la communication institutionnelle, l'entreprise met en avant les talents qui la composent, justifie son action, fait preuve de son utilité sociétale et de son comportement éthique, et établit des relations avec ses publics sur des objectifs communs.

– **Assurer le rayonnement de l'entreprise par l'adhésion des publics.** Par sa communication, l'entreprise met également en avant ses propres valeurs corporate. Celles-ci, vécues par son personnel, distinguées par ses concurrents et ses clients, contribuent à inscrire l'entreprise dans l'imaginaire commun.

1. Schwebig, 1988.

– **Assurer la crédibilité de l'entreprise, par la cohérence de sa communication.** La communication corporate donne le fil conducteur des multiples messages et signaux émis. Elle constitue une ligne de conduite pour l'entreprise, soumise à l'évaluation constante de ses parties prenantes, et contribue à gagner et garder la confiance de ces dernières.

V. DE LA TRANSMISSION À LA COMMUNICATION GLOBALE : QUELQUES REPÈRES THÉORIQUES

Afin de saisir la spécificité de communication corporate dans les postures communicationnelles des entreprises, un bref ancrage théorique peut être éclairant.

Parmi les nombreuses théories existantes, nous retiendrons deux modèles « classiques » qui illustrent le mieux l'évolution de la conception du processus communicationnel.

1. Du télégraphe...

Également appelé modèle cybernétique, le modèle dit « du télégraphe » (ainsi nommé car il a été mis au point par des ingénieurs dans des compagnies de téléphone, et plus particulièrement de Bell Téléphone), a été élaboré par Norbert Wiener et développé par les mathématiciens Shannon et Weaver.

Selon cette conception, la communication consiste à envoyer une information entre deux personnes ou deux points.

Un processus de communication suppose un codage du message et un fonctionnement optimal du canal de transmission.

La transmission du message peut en effet contenir du bruit, désignant toute altération de la qualité du message et une perte d'informations.

Une communication réussie se mesure ainsi à la quantité d'informations transmises.

Par ailleurs, le récepteur réagira au message de l'émetteur en donnant un feedback. Suivant cette rétroaction, l'émetteur réadaptera son message.

Ce modèle a notamment inspiré celui des 5 W de Lasswell. Ce dernier a résumé le phénomène de la communication à cinq questions fondamentales :

Who, says What, to Whom, through What channel, with What effects ?

(Qui, dit quoi, à qui, par quel canal, avec quels effets ?)

- Modèle télégraphique (Shannon et Weaver)

- Apport de Wiener : le feedback

Figure 1.1

Appliqué à la communication d'entreprise, le schéma fondateur de la communication revient ainsi à identifier *quelle entreprise dit quels messages, à quels publics, par quels moyens, et avec quels effets visés?*

S'il est un des plus connus, ce modèle est néanmoins contesté, par sa vision très linéaire du processus communicationnel. Les destinataires sont conçus comme passifs, et directement réceptifs aux messages qu'on leur envoie.

Par ailleurs, le sens du message n'est pas pris en compte, et la communication semble se passer dans un « vide social » où le message sera directement compris tel qu'il devait l'être.

2. ... à l'orchestre

Le modèle de l'orchestre peut se résumer en un postulat : « On ne communique pas, on participe à une communication. »

Ce modèle dit pragmatique, est né dans le champ des sciences humaines et de la psychosociologie, et a notamment été popularisé par l'école de Palo Alto et des auteurs tels que Watzlawick, Austin ou Goffmann.

Les cinq axiomes de la communication

- On ne peut pas ne pas communiquer.
- Toute communication présente deux aspects : le contenu et la relation, tels que le second englobe le premier et par la suite est métacommunication.
- La nature d'une relation dépend de la ponctuation de la séquence des faits entre les partenaires.
- Les êtres humains utilisent simultanément deux modes de communication : digital et analogique.
- Tout échange de communication est symétrique ou complémentaire, selon qu'il se fonde sur l'égalité ou la différence.

Le processus de communication est envisagé d'une manière pragmatique, tel qu'il se déroule concrètement. Des paramètres tels que le contexte, les sujets communicants, les modes de communication ou encore la signification des messages ont été introduits comme des éléments déterminants.

Ce courant de pensée s'illustre par la formulation de cinq axiomes, régissant tout processus de communication.

Ce dernier modèle montre qu'une entreprise n'est pas seule actrice de sa communication. Ses messages sont reçus et interprétés dans un contexte social particulier, qui intervient sur leur réception et leur interprétation.

La relation qu'elle entretient avec ses publics influera notamment sur la compréhension des messages. Ainsi, des relations harmonieuses et une réputation favorable orienteront favorablement leur compréhension.

La communication ne passe pas non plus uniquement par ce qui est « dit » mais aussi par la manière de le dire et par les comportements, ce qui est « fait ». Car tout comportement (même celui de refus de la communication) sera perçu et interprété comme un message. L'entreprise est jugée autant par ses comportements que par ses discours (ou son absence de discours).

Le modèle de l'orchestre a servi de base au développement du concept de « communication globale ».

Ces deux approches illustrent donc l'évolution de la conception de la communication en général, et également de la communication des entreprises et des organisations.

Si la conception linéaire a apporté les bases de la réflexion, le modèle pragmatique a attiré l'attention sur les autres éléments entrant en compte dans le processus de communication.

Chapitre 2

Le champ de la communication corporate

La communication corporate a fait son apparition autour des années 1980, tirant son origine de pratiques communicationnelles existantes, comme le marketing et les relations publiques.

Selon Patrick d'Humières, l'histoire de la communication d'organisation se découpe en trois grandes périodes : l'ère industrielle jusqu'aux années 1950 avec l'avènement de la communication commerciale ; l'ère marketing, des années 1950 aux années 1960, avec l'avènement de la communication des marques ; l'ère corporate, à partir des années 1970-80, avec l'avènement de la communication corporate, parallèlement à la maturité de la communication commerciale.

La communication corporate s'est donc construite et définie par rapport à ces disciplines établies, entraînant parfois une certaine confusion dans la détermination de son champ d'action.

I. UN DOMAINE AUX MULTIPLES FACETTES

La communication corporate s'adresse au grand public, et concerne donc potentiellement toutes les branches de la communication d'une entreprise.

Cet aspect global de son champ d'action entraîne un certain flou sur ce que recouvre la communication corporate.

Un premier point de vue (Van Riel) définit la communication corporate comme comprenant trois branches : la communication marketing, la communication organisationnelle et la communication managériale (figure 2.1).

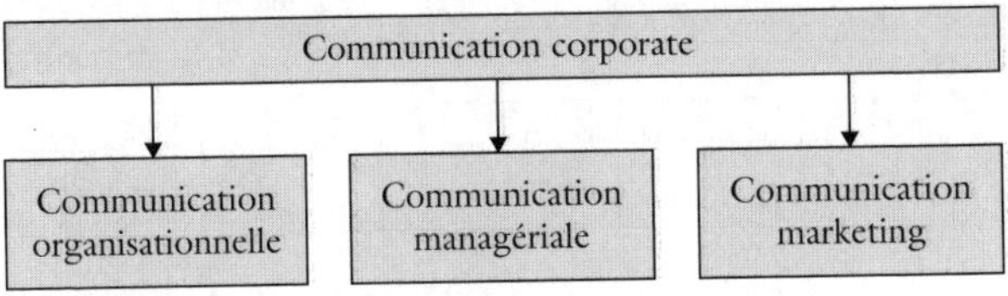

Figure 2.1

Pour d'autres (ex. : Schwebig ou Kapferer), la communication corporate se définit avant tout comme un niveau différent et parallèle à la communication marketing.

Kapferer distingue quatre niveaux de discours communicationnels : *la communication d'entreprise*, factuelle, économique, parlant du physique de l'entreprise ; *la communication institutionnelle*, qui énonce ses valeurs et s'adresse à la collectivité, aux citoyens ; *la communication de marque*, donnant un sens aux produits, y injecte des valeurs ; et *la communication des produits ou services* s'adressant aux clients potentiels.

Ces quatre facettes contribuent à donner une perception globale au consommateur et ne doivent pas être perçues comme des réalités séparées (figure 2.2).

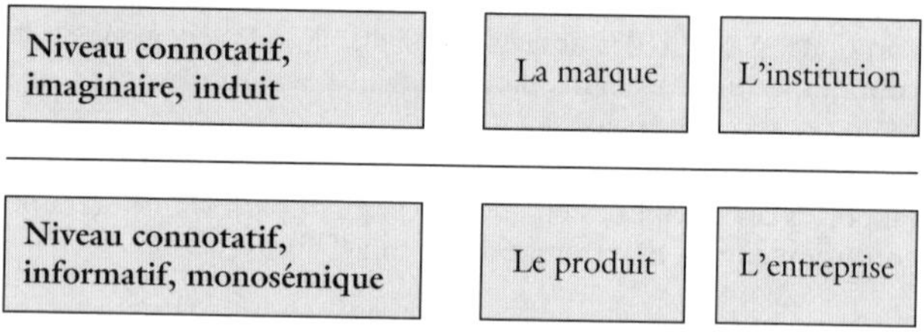

Figure 2.2

Enfin, un dernier point de vue (ex. : Cornelissen) conçoit la communication corporate comme un cadre intégrant toutes les communications de l'entreprise et visant à la gestion optimale de celles-ci (figure 2.3).

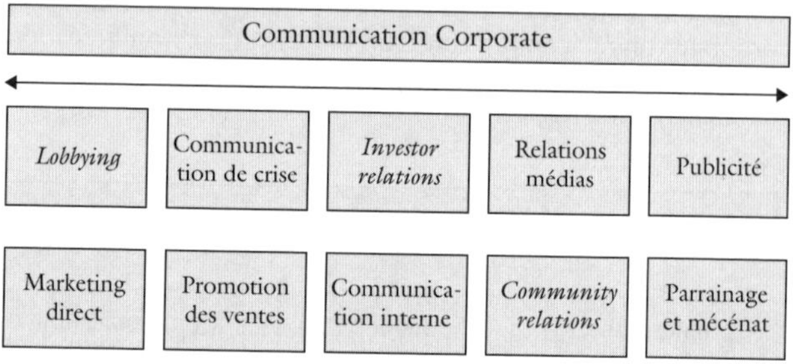

Source : Cornelissen J., *Corporate Communication. A guide to theory and practice*, Sage, 2004.

Figure 2.3

En tous les cas, les points de vue convergent sur l'enracinement de la communication corporate dans deux disciplines : le marketing et les relations publiques.

II. MARKETING ET COMMUNICATION CORPORATE

La communication corporate est souvent présentée comme une évolution du marketing et de la publicité commerciale.

Avec le développement du commerce et dès l'apparition de la concurrence, les entreprises ont en effet commencé par vanter les mérites de leurs produits et en faire la publicité. Faire vendre les produits, les positionner, les mettre en valeur, telles sont les fonctions de la publicité commerciale.

Le développement du marketing et l'affirmation des marques comme « capital de l'entreprise », la mesure de la valeur financière de la marque ou *brand equity* dans les années 1990, ont marqué l'accès à une légitimité économique et managériale.

La valeur de la marque s'est essentiellement construite autour du concept de *goodwill*, une prédisposition psychologique favorable envers une entreprise ou un produit qui se traduit en une valeur ajoutée financière. Le *goodwill* constitue la différence entre le prix payé et la valeur nette comptable de l'entreprise ou du produit, sur base de la plus-value apportée par la marque.

La valeur ajoutée de la marque se traduit par des valeurs tangibles et intangibles. Les valeurs tangibles sont objectives et renvoient aux produits ou aux services, à leur qualité, au degré d'innovation et à leur prix. Les valeurs intangibles relèvent, quant à elles, de la sensorialité (couleurs, goûts, odeurs, etc.), de la narration (histoire, saga, hommes, etc.), et des qualités associatives, des valeurs sociétales.

Cette logique distinctive de marques, appliquée aux produits, s'est étendue aux entreprises.

Les liens entre le marketing et la communication corporate restent ambigus.

Nous l'avons vu, le marketing peut être vu comme une des composantes de la communication corporate, entrant dans ses domaines de compétence. Le marketing est un aspect de la communication corporate visant à mettre en valeur les produits et services de la firme, un support des fonctions commerciales.

La communication corporate, en retour, est un point de vue global permettant de s'assurer la cohérence du marketing avec les autres volets communicationnels, pour une plus grande efficacité de l'ensemble.

Le marketing est également défini en opposition à la communication corporate, ou plus précisément à la communication institutionnelle, comme vu au point précédent. Si le marketing sert à vendre les produits, la communication corporate sert à donner du sens et de la valeur à l'entreprise.

Pour Schwebig, par exemple, il s'agit bien de deux logiques différentes, car le marketing raisonne en termes de cibles, de marchés sur lesquels écouler un produit donné, obéissant à un cycle de vie bien déterminé, et grâce à un message unique, *unique-selling proposition*, tandis que la communication d'entreprise s'adresse à des publics, des audiences permanentes ou occasionnelles, auxquels on ne peut pas communiquer un message standard, mais bien un aspect précis de l'entreprise.

Enfin, un dernier courant conçoit la communication corporate comme un prolongement du marketing. La communication corporate se situe dans la lignée de cette volonté de différenciation, en positionnant les entreprises comme des institutions, et non plus uniquement comme des producteurs.

L'entreprise apparaît à la fois comme une caution de la qualité des produits (et de la crédibilité de la communication produits), et comme un critère de distinction.

Quel que soit le point de vue adopté, un apport important du marketing à la communication corporate est celui d'une logique de positionnement identitaire et de mise en valeur distinctive de l'entreprise.

On utilise d'ailleurs souvent l'expression « image de marque » pour parler de l'image d'une entreprise, traduisant cette origine commerciale de la démarche de communication corporate.

III. LA « MARQUE ENTREPRISE » OU *CORPORATE BRAND*

Le *corporate branding* consiste à adopter une logique marketing pour mettre en valeur l'entreprise. Il s'agit de construire une marque la définissant dans son ensemble, d'en faire une « surmarque » (Schwebig) qui servira de caution aux différents produits qui, en retour, agiront sur sa notoriété et son image.

La « marque-entreprise » porte à la fois les promesses des objets et des produits et les ancre dans la dimension institutionnelle, dans les valeurs de la firme.

Tout comme la « marque-produit », la « marque-entreprise » véhicule une promesse, une spécificité de l'entreprise par rapport à ses concurrentes, un lien particulier de confiance avec ses publics. La cohérence de l'ensemble constituera la force de la marque-entreprise et instaurera une unité et une complémentarité entre ces différents imaginaires véhiculés.

Si l'« identité corporate », concept sur lequel nous reviendrons plus longuement ci-dessous, renvoie à ce qu'est l'entreprise, la « marque corporate » renvoie à comment elle se présente et aimerait être perçue.

La construction d'une marque corporate repose sur la traduction de la personnalité de l'entreprise, en un univers spécifique.

La marque corporate ne se gère cependant pas comme les produits (Schultz et de Chernatony ; Balmer) :

– elle est gérée par le dirigeant de l'entreprise, là où l'aspect produit est géré par le marketing ;

– la marque corporate concerne tous les départements de l'entreprise et implique tout le personnel ;

– le *corporate branding* vise toutes les parties prenantes de l'entreprise et peut donc mettre en œuvre l'ensemble de la palette d'actions de la communication corporate ;

– la marque entreprise se construit sur le moyen et le long terme, contrairement au cycle court des produits ;

– la construction d'une marque entreprise revêt une importance stratégique pour l'entreprise quand le marketing a une dimension plutôt fonctionnelle.

Cette prise de conscience de la valeur des marques corporate se traduit notamment par des études comme celles d'Interbrand, qui se propose de les classer selon leur valeur commerciale, selon l'« estimation financière des revenus supplémentaires obtenus par la firme, grâce à une demande accrue pour ses produits et services, par la force de sa marque ».

Tableau 2.1 – Interbrand Ranking of Best Global Brands

2009	2008	Brand	Country of origin	Sector	2009 Brand value ($m)	Change in brand value
1	1	Coca-Cola	United States	Beverages	68,734	3 %
2	2	IBM	United States	Computer Services	60,211	2 %
3	3	Micro-soft	United States	Computer Software	56,647	– 4 %
4	4	General Electric	United States	Diversified	47,777	– 10 %

2009	2008	Brand	Country of origin	Sector	2009 Brand value ($m)	Change in brand value
5	5	Nokia	Finland	Consumer Electronics	34,864	– 3 %
6	8	Mc Donald's	United States	Restau-rants	32,275	4 %
7	10	Google	United States	Internet Services	31,980	25 %
8	6	Toyota	Japan	Automo-tive	31,330	– 8 %
9	7	Intel	United States	Computer Hardware	30,636	– 2 %
10	9	Disney	United States	Media	28,447	– 3 %

Source : interbrand.com.

IV. LES RELATIONS PUBLIQUES ET LA COMMUNICATION CORPORATE

Les relations publiques visent à gagner la confiance de l'opinion, à parler (ou faire parler) de l'entreprise en termes favorables.

Bernays disait à propos de l'apparition des relations publiques que :

> « les entreprises ont (...) réalisé que leur relation avec le grand public, loin de se limiter à la fabrication et la vente de produits donnés, leur imposait de se vendre elles-mêmes, avec tout ce qu'elles représentent dans l'esprit des gens. »

La naissance des relations publiques est traditionnellement attribuée à la déclaration de principe d'Ivy Lee, premier « manifeste de relations publiques », datant de 1906. Ce dernier, conseiller de William Vanderbilt, patron de chemins de fer, réussit à transformer l'image de ce patron uniquement acquis à la cause de ses actionnaires, par une politique d'information des publics. Lee comprit que les entreprises ne pouvaient plus se contenter d'une seule logique de rentabilité, au mépris d'une opinion publique grandissante. Il leur fallait également rester attentives aux besoins et préoccupations des publics, et être en phase avec le rôle social qui était attendu de leur part.

Les premières préoccupations sur l'image et la réputation des entreprises ont ainsi été portées par les relations publiques. Gagner la confiance des publics, établir des relations favorables, autant de missions qui se retrouvent dans la communication corporate.

La frontière reste floue entre les deux notions, d'autant plus que le terme de « public relations » reste largement de mise dans le monde anglo-saxon, celui de « communication » renvoyant à la communication symbolique ou à la technologie de la communication.

Selon les points de vue, la communication corporate est conçue comme :

– un élargissement des relations publiques vers de nouvelles pratiques et de nouveaux champs d'action ;

– une dilution des relations publiques dans un champ plus large en faisant une composante parmi d'autres ;

– une marque de professionnalisation des relations publiques, passant d'une politique du carnet d'adresses personnel à une véritable politique relationnelle autour de l'organisation.

Plutôt que de vouloir trancher dans ce débat, mieux vaut reconnaître l'apport originel des relations publiques à la communication corporate. Elles ont établi un aspect fondamental qui est celui de l'établissement et la gestion des relations harmonieuses avec les groupes sociaux environnant l'entreprise et étant concernés, d'une manière ou d'une autre, par les activités de celle-ci.

Une vision limitée, et à éviter, serait en tout cas, celle d'assimiler les relations publiques aux seuls événements « champagne et petits fours ».

L'International Public Relations Association (IPRA) définit les relations publiques comme ceci :

> « Les relations publiques sont une activité de direction de caractère permanent et organisé, par laquelle une entreprise cherche à obtenir et maintenir le concours de ceux à qui elle a ou peut avoir affaire ; dans ce but, elle devra analyser l'état de l'opinion à son égard, y adapter autant que possible son comportement et, par la pratique d'une large information, obtenir une coopération plus efficace qui tienne effectivement compte des intérêts communs. »

Les deux concepts de « relation » et de « publics », points focaux des relations publiques constituent également des notions centrales de la communication corporate.

V. LE CONCEPT DE « RELATION »

Établir une relation entre une entreprise et le public revient à construire un lien, faire ressortir des points d'intérêts communs, des enjeux concordants.

Bien que le terme soit couramment utilisé, aussi bien par les professionnels que par les théoriciens de la communication, il existe peu de définitions claires de ce que recouvre la « relation » entre une organisation et ses publics.

Entrer en relation avec ses publics consiste pour une entreprise à dépasser la transaction, l'acte d'achat ou l'usage ponctuel et introduire une continuité, une « épaisseur temporelle ». Il s'agit de maintenir, d'entretenir ce lien, de le réactiver par les différentes opérations de communication.

La relation se caractérise par une personnalisation des échanges, une connaissance ciblée et quasi-individuelle des publics.

Les théories pragmatiques de la communication (Austin, Ducrot, etc.) conçoivent la relation comme une place assignée à l'autre, un rôle qui lui est attribué par le processus de communication. Établir et maintenir une certaine relation avec le public revient donc à lui reconnaître un rôle dans la vie de l'entreprise, à le prendre en compte dans les politiques et les décisions.

Les différents types de relations entre une entreprise et ses publics

Ledingham et Bruning ont distingué trois différents types de relations pouvant s'établir entre une organisation et ses publics :

- **Les relations professionnelles** (*Professional Relationships*) : les relations sont basées sur le rôle de fournisseur de produits ou de services de l'entreprise. Elles se construisent essentiellement sur ses investissements financiers.
- **Les relations personnelles** (*Personal Relationships*) : les relations sont bâties sur la confiance entre les publics et l'organisation. Elles se basent sur l'investissement en temps et en énergie consenti par l'organisation dans ses interactions avec les membres du public.
- **Les relations communautaires** (*Community Relationships*) : les relations sont construites sur les actions de l'organisation en faveur de développement de la communauté sociale dans laquelle elle s'insère.

Source : Bruning S.D. et Ledingham J.A., « Relationships between organizations and Publics : Development of a Multi-Dimensional Organization-Public Relationship Scale », in *Public Relations Review*, 25 (2) : 157-170.

Les études à ce sujet sont plus nombreuses du côté anglo-saxon. Depuis les années 1990, un courant « relationnel » des relations publiques, représenté par des auteurs comme Ledingham et

Bruning, considère la relation comme une unité mesurable à part entière, indépendamment des sujets communicants.

La relation, dans le cadre des relations publiques, est définie par ce courant comme :

> « l'état qui existe entre une organisation et ses publics principaux dans lequel les actions de chaque entité ont un impact sur le bien-être économique, social, politique, et/ou culturel de l'autre entité. »

La relation au centre dans la communication corporate

Interview de Marianne Kugler, professeure au Département d'information et de communication de l'Université Laval, Canada.

Le concept de « relation » semble être en plein essor ces dernières années dans le champ communicationnel. Qu'apporte-t-il à la pratique professionnelle de la communication ?

Le concept de relation amène l'émetteur à se préoccuper plus du récepteur, de ses motivations, de ses connaissances...

Comment expliquer que ce concept si central ait seulement été étudié par Ledingham et Brunig depuis les années 1990 et n'ait pas été approfondi plus tôt ?

La recherche universitaire en relations publiques est récente. Le paradigme de Grunig a été omniprésent longtemps. Il a fallu « casser » ce paradigme et en même temps sortir la recherche en RP d'un mode pragmatique pour aller vers d'autres champs d'étude en sciences humaines : les relations interpersonnelles et les études de réception.

Dans cette optique, quels sont les principaux enjeux et défis de la communication corporate pour les prochaines années ?

Pour moi, ce qui se profile à l'horizon relève de trois défis :

- Rester visible et crédible alors que se multiplient les sources d'information, à cause entre autres des technologies de l'information (blogs, Twitter, Facebook), qui entraînent une forte croissance du bruit ambiant (rester visible) et une difficulté à contrer la rumeur (rester crédible).
- Créer une culture d'entreprise, entretenir le sentiment d'appartenance alors que monte le cynisme des employés alimenté par les doubles discours « corporate » : éthique mais mise à pied, discours vert dans les pays développés mais pollueurs ailleurs, etc.
- Rejoindre des publics alors que les gens décrochent de leur environnement pour se refermer sur leur monde individuel ou familial. Combien ne lisent plus les quotidiens, refusent les envois postaux, s'informent de façon très pointue (magazines et sites spécialisés) mais négligent la communication publique ?

La relation peut donc être envisagée comme une certaine interdépendance entre l'organisation et ses parties prenantes. L'organisation fournit des biens ou services à la société, mais a besoin de l'aval, de l'approbation, voire de la coopération des parties prenantes pour mener ses activités à bien.

VI. DES PUBLICS AUX PARTIES PRENANTES

Le public est défini par James Grunig[1] comme étant:

> « un groupe de personnes qui sont confrontées à un même problème, reconnaissent que le problème existe et s'organisent pour faire quelque chose à propos des conséquences de ce problème. »

Grunig a également identifié différents types de publics, selon leur degré d'implication et d'action:

– les **non-publics**, qui ne sont pas concernés par les activités de l'organisation;

– les **publics latents**, qui peuvent être touchés ou affectés et sont donc potentiellement actifs;

– les **publics conscients** d'une problématique qui les concerne directement, qui savent que les activités ont une conséquence sur leurs intérêts;

– les **publics actifs**, ayant détecté l'implication de leurs intérêts dans les activités de l'organisation, et qui s'organisent pour les défendre.

Cette typologie a marqué l'histoire des relations publiques, mais elle est aujourd'hui remise en cause, notamment par sa conception purement réactive des relations publiques. En outre, les publics inactifs ne sont pas pris en compte.

Depuis quelques années, le terme de « parties prenantes » (*stakeholders*) est en train de prendre le pas sur celui de « publics ». Apparu vers les années 1990, il s'inscrit dans la lignée de la problématique de la responsabilité sociale des entreprises, et traduit la prise en compte de tous les groupes concernés par les activités de l'entreprise, au-delà des seuls *shareholders*, les actionnaires.

D'une manière générale, les parties prenantes sont définies comme des groupes ou des individus qui sont concernés par les activités des organisations et qui peuvent avoir une influence sur leur réussite.

Freeman identifie notamment trois types d'intérêt que des parties prenantes peuvent avoir pour une entreprise, allant d'un intérêt informel au contrat légal d'appartenance:

---

1. Grunig J. et Hunt T., *Managing public relations*, Holt, Rinhart and Winston, 1984.

– un **intérêt actionnarial** (*equity stakes*), pour ceux qui y possèdent directement des parts, des actions ;

– un **intérêt économique** (*economic stakes*), pour ceux qui y entretiennent un rapport d'ordre économique avec l'entreprise, sans y posséder des parts (consommateurs, fournisseurs, etc.) ;

– un **intérêt d'influence** (*influencer stakes*), pour ceux qui n'ont pas de part dans l'entreprise, y portent un intérêt autre qu'économique (ONG, groupes de pression, etc.) et peuvent en influencer les activités.

Pour Cornelissen, le modèle des « parties prenantes » constitue un changement dans le management stratégique, qui était jusque-là basé sur un système d'*input-output*.

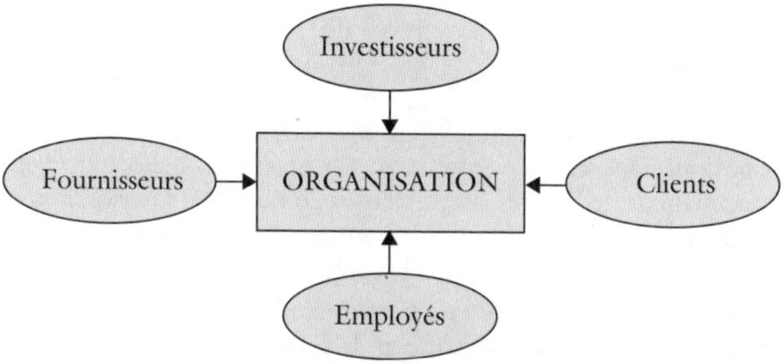

Source : Cornelissen J., *Corporate Communication. A guide to theory and practice*, Sage, 2004.

Figure 2.4 – Modèle input-output

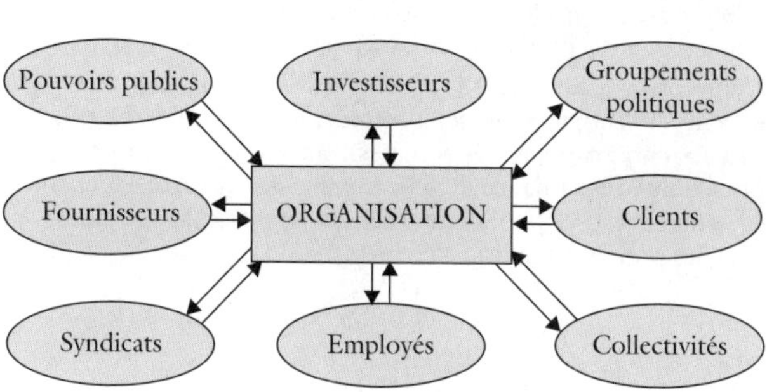

Source : Cornelissen J., *Corporate Communication. A guide to theory and practice*, Sage, 2004.

Figure 2.5 – Modèle des « parties prenantes »

Dans un modèle *input-output*, l'entreprise se trouve au centre d'un système assez simple d'*inputs* constitués des apports des employés, des investisseurs, des fournisseurs, qui vont servir à créer l'*output*, le résultat, qui bénéficiera aux consommateurs.

Dans le modèle des « parties prenantes », l'entreprise est prise dans un champ d'interdépendances avec tous les groupes et toutes les personnes ayant un intérêt légitime dans ses activités. D'un système unidirectionnel, on est passé à un système multidirectionnel où chaque partie apporte quelque chose à l'entreprise et peut attendre en retour une prise en compte de ses intérêts.

Ces deux origines, le marketing et les relations publiques, commerciale et psychosociale, marquent l'identité de la communication corporate.

D'un côté, le marketing vise à marquer et vendre des produits, à gagner des parts de marché, à conquérir et fidéliser les cibles. Il s'agit d'une démarche à court et moyen terme, accompagnant le cycle de vie d'un produit.

De l'autre, les relations publiques consistent à prendre en compte l'opinion, à accorder de l'attention aux groupes sociaux dans l'environnement de l'entreprise, à penser en termes d'interlocuteurs. Elles supposent une démarche permanente de gestion des relations avec les publics, à travers le cycle de vie de l'entreprise.

La communication corporate positionne l'entreprise comme une entité dotée d'une personnalité et de valeurs propres, se justifiant d'un rôle social, pour et dans la collectivité.

Elle concerne aussi bien les relations avec les publics économiques (consommateurs, actionnaires), leur apportant une plus-value sociale, qu'avec les autres parties prenantes, tels que les pouvoirs publics, peu sensibles aux discours commerciaux mais ayant un poids tout aussi important sur la vie de l'entreprise.

L'entreprise reconnaît un pouvoir sur sa réputation mais également sur l'atteinte de ses objectifs, à l'ensemble des groupes sociaux concernés par ses activités. Elle entretient ainsi des relations d'interdépendance avec l'ensemble de ses parties prenantes, également avec les publics internes, les consommateurs et les usagers, les pouvoirs publics, etc.

Marketing, relations publiques et communication corporate

Compte-rendu d'un entretien avec Stéphane Billiet, président de l'Agence française du réseau Hill&Knowlton, président de Syntec Conseil en Relations publiques, auteur de l'ouvrage *Les Relations publiques: refonder la confiance entre l'entreprise, les marques et leurs publics.*

Selon Stéphane Billiet, la distinction entre la communication corporate, le marketing et les relations publiques est à relativiser. Outre une filiation historique, le même souci soutient les trois disciplines, au-delà des différences entre les niveaux de messages: la relation avec les parties prenantes.

Avec la montée de la société de consommation, la publicité commerciale a été le premier moyen de communication des entreprises, et le plus important. Elle a ensuite été suivie des relations publiques, dont le rôle est de gérer les relations entre les entreprises et la société. Les deux disciplines ont fonctionné en parallèle pendant le XXe siècle, la publicité servant la vente des produits et les relations publiques construisant un lien, une interactivité avec les acteurs socio-économiques.

Dans l'intervalle entre les années 1980 et les années 2000, on a assisté à une sophistication dans les approches et à l'application de démarches marketing à l'entreprise.

Le principal souci était de vendre l'entreprise, de gérer son image comme une image de marque, c'est l'optique adoptée par la communication corporate.

Depuis quelques années, la société pose un regard différent sur les entreprises, en exprimant une certaine indigestion de la société de consommation et un rejet d'une relation uniquement marchande.

L'intérêt dépasse les simples produits et se porte sur tout le processus de production, sur la politique de prix, sur la conscience citoyenne de l'entreprise, etc.

Il est ainsi de plus en plus difficile de se cacher derrière les marques. Les parties prenantes appellent une relation plus collaborative avec les entreprises, et demandent à être associées à leur gouvernance.

Cette évolution sociétale est notamment soutenue par une évolution technologique avec Internet, et par une évolution des métiers.

On peut donc parler d'une certaine convergence des différentes approches communicationnelles car la relation est redevenue primordiale. Le XXIe siècle sera relationnel. Il ne s'agit plus seulement d'en parler mais de la vivre. Il faut réallouer les dépenses, investir plus dans la relation elle-même, et moins dans l'instrumentalisation, miser sur la durabilité des démarches, sur l'abolition de l'espace-temps tout en gardant la juste distance et le juste positionnement pour mieux vivre la relation.

Les nouveaux enjeux de la communication d'entreprise sont celui de la sincérité, la communication superlative est vouée à l'échec ; de la connection avec les parties prenantes, vivre avec elles et pas faire malgré elles ; et de l'utilité sociétale, la communication a un besoin de résonance, de revenir à l'essentiel des valeurs.

Quelques repères historiques

- RI, XIXe siècle : Communication essentiellement publicitaire et propagandiste.
- 1898 : Création du bibendum de Michelin, un des premiers logos d'entreprise.
- 1906 : Déclaration de principe des relations publiques d'Ivy Lee.
- 1928 : Première publicité corporate : Ford, en 1928 – « Lift up your eyes ».
- 1960 : Développement de la concurrence, équipement des ménages, essor de la radio et la télévision, naissance, développement du marketing et de la publicité.
- 1968 : Prise de conscience que l'image d'une entreprise pouvait agir sur l'opinion et mobiliser des capitaux, avec l'OPA de BSN sur Saint-Gobain et les premières formes de communication financière.
- Années 1980 : « Course à l'image » de la part des entreprises, emballement publicitaire, confusion entre communication et publicité, débuts de la communication corporate.
- Années 1990 : crise économique, baisse des budgets publicitaires, critique des entreprises, à l'information économique viennent s'ajouter des sujets de société, recentrage sur les valeurs dans la communication.

Il est important de remarquer que cet ouvrage traite de la communication corporate dans le cadre des entreprises. Les autres types d'organisation, telles que les associations, mettent en place d'autres types de stratégies et agissent sur d'autres registres pour légitimer leur action dans l'espace public.

Communication d'organisation :
les spécificités des associations de transformation sociale

Le point de vue de Jean-Marie Pierlot, coauteur de *Communication des associations*, collaborateur d'Amnesty International.

Les associations disposent de moyens de communication spécifiques pour occuper une place dans l'espace public et légitimer le bien commun qu'elles espèrent faire partager par le plus grand nombre.

À la différence des stratégies de communication des entreprises, qui misent sur la communication persuasive, les associations de transformation sociale privilégient la communication relationnelle, selon la distinction opérée par Éric Dacheux, qui se réfère lui-même à la typologie dressée par Dominique Wolton.

La communication relationnelle rencontre, en effet, l'objectif des associations, qui est de créer ou de recréer du lien social, là où il est inexistant ou a été détruit.

Communication relationnelle vs communication persuasive

L'accent mis sur la communication relationnelle entraîne l'utilisation de moyens de communication participative, visant à entretenir et rétablir, s'il y a lieu, le lien social.

Éric Dacheux dresse un répertoire d'actions collectives dont un grand nombre sont spécifiques aux associations; d'autres trouvent leur origine dans les traditions de mobilisation du mouvement ouvrier ou des mouvements de résistance non violente dans la tradition gandhienne, notamment:

- **Actions de non-coopération**: ces actions vont de la désobéissance civile au boycott de produits issus d'entreprises qui ne respectent pas les droits humains ou l'environnement, par exemple.
- **Actions de légitimation publique**: pétitions, manifestations, marches collectives ou recours à des experts et contre-experts apportent une légitimité qui contrebalance celle des pouvoirs publics. De nombreux exemples existent dans le domaine des grands débats de société tels que le recours au nucléaire ou aux organismes génétiquement modifiés.
- **Actions directes défensives ou offensives**: certains groupes organisés mettent en place des actions de résistance en pratiquant la désobéissance civile (ce qui a parfois comme conséquence que le pouvoir politique criminalise, par exemple, les mouvements de solidarité avec les «sans-papiers»), ou construisent des alternatives «citoyennes» sans attendre que les pouvoirs politiques les organisent (dans le domaine des économies d'énergie ou des énergies alternatives, par exemple).
- **Actions de sensibilisation**: qu'il s'agisse d'organiser des initiatives ludiques (fêtes, concerts, etc.) ou des journées de sensibilisation par la diffusion la plus large possible d'informations sur un thème d'intérêt général, l'objectif est, une fois encore, de mobiliser la participation citoyenne pour susciter le débat public.

On le voit, le potentiel d'actions originales de communication de la part du monde associatif est empreint de créativité et se détache aussi bien des actions spécifiques du monde politique que du monde marchand.

Chapitre 3

Identité, image et réputation

La propension des entreprises à parler d'elles-mêmes et à affirmer leur positionnement identitaire s'ancre dans une démarche de construction d'une image et d'une réputation.

L'établissement et le maintien de relations favorables avec les parties prenantes se base en effet sur ces trois notions phares de la communication corporate.

Leur définition est pourtant souvent floue, notamment à cause des nombreux concepts qui leur sont voisins et corrélés.

I. L'IDENTITÉ DE L'ENTREPRISE

1. Définition

La notion d'identité désigne, d'une part, ce qui est fondamentalement propre à une personne ou à un groupe et, d'autre part, ce qui est partagé par plusieurs.

Ainsi, pour l'organisation, son identité est ce qui la définit spécifiquement, la rend identifiable et reconnaissable, et permet de s'identifier à elle (Reitter et Ramanantsoa).

L'identité de l'entreprise renvoie ainsi à ce qui est présenté comme lui étant intrinsèquement propre, sa nature interne, lui assurant la distinction par rapport aux autres acteurs, tout en favorisant l'identification de ses publics. Elle renvoie également à ce qui fait sa cohérence, à travers le temps et la diversité de ses actions.

Si «l'identité corporate» ou *corporate identity* désignait originellement surtout le logo et l'identité visuelle, la notion s'est considérablement élargie, pour recouvrir toutes les expressions de la nature propre de la firme, ses communications internes et externes, ses produits et services, etc.

L'identité d'une entreprise se définit en effet autant par ses communications verbales et ses discours, par la communication symbolique ou «la mise en signes», que par ses actions et comportements.

Birkigt et Stadler identifient trois aspects dans l'identité corporate, un *aspect comportemental* (*Behaviour*) – ce que l'entreprise fait –, un *aspect communicationnel* (*Communication*) – ce qu'elle dit à travers ses communications – et un *aspect symbolique* (*Symbolism*) – comment elle se représente (nom, logo, identité visuelle, etc.).

Le prisme d'identité de Kapferer donne une vision systémique de l'identité d'entreprise, à travers un hexagone reprenant les six facettes de l'identité.

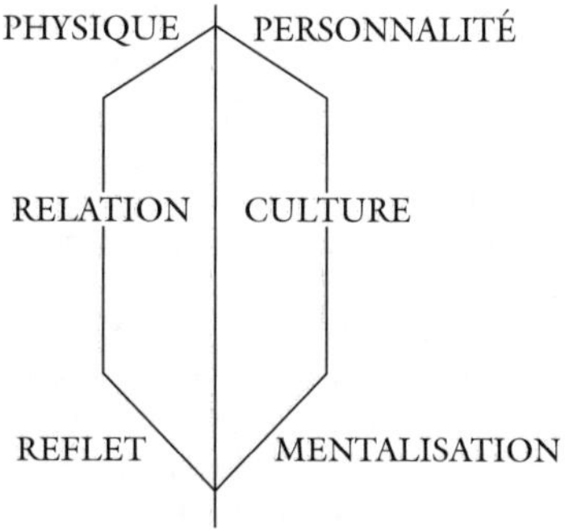

Source : Kapferer J.-N., « Maîtriser l'image de l'entreprise, le prisme d'identité », in *Revue française de gestion*, novembre-décembre 1988.

Figure 3.1 – Le prisme d'identité de l'entreprise

Le prisme de l'identité comporte six facettes : les deux premières concernant l'entreprise ou la marque ; les deux suivantes renvoyant à sa relation avec les publics ; et les deux dernières relevant des publics ou des consommateurs.

Selon le schéma exposé ci-dessus, les dimensions se trouvant à gauche du graphique relèvent plutôt de ce qui est communiqué en externe, tandis que celles de droite renvoient à des caractéristiques internes.

Une entreprise se définit par :

– un **physique** : la réalité objective de l'entreprise (métiers, produits, taille, performance, etc.), le socle de son identité ;

– une **personnalité** : les entreprises dénotent certains traits, elles sont plutôt féminines ou masculines, plutôt rigides ou plutôt souples, etc. La personnalité est définie par le nom, le logo, mais également le sponsoring et le mécénat, la publicité, ou encore la figure du dirigeant de l'entreprise ;

– une **relation**: le rapport entretenu par l'entreprise avec ses publics (partenariat, pédagogie, assistance, solidarité, etc.);

– une **culture**: par le choix d'une entreprise, les publics accèdent à une culture particulière, un univers spécifique;

– un **reflet**: l'idée que l'entreprise donne de sa clientèle, la façon dont elle la reflète;

– une **mentalisation interne**: facette symétrique de la facette reflet, il s'agit du miroir intérieur des clients de l'entreprise, la façon dont les clients se voient en choisissant l'entreprise.

L'identité corporate, telle qu'elle est communiquée, est un équilibre entre la nature interne de l'organisation, ce qui est partagé par ses membres et ce qui est attendu par les parties prenantes, et par l'environnement externe.

Certains auteurs (ex.: Cornelissen) distinguent l'identité corporate, ce qui est montré par l'organisation, et «l'identité organisationnelle», ce qu'elle est réellement.

Le concept de «personnalité corporate» (*corporate personality*) est également évoqué pour désigner ce qui recouvre la culture, la vision, la mission et la stratégie de l'organisation. En d'autres mots, ce qui est partagé en interne, avant d'être traduit en positionnement externe.

Une organisation peut, en effet, se présenter sous un angle ne correspondant pas entièrement à ses traits identitaires les plus saillants, s'adaptant à l'image qu'elle désire projeter. L'identité rejoint alors plus le concept d'«image voulue».

L'identité n'est pas à confondre avec l'image. L'identité est un concept d'émission, dans le champ de la firme, tandis que l'image est plutôt un concept de réception, dans le champ des parties prenantes.

L'identité précède et accompagne toute politique d'image. En effet, l'image est variable et contingente tandis que l'identité est stable et durable.

2. Identité et culture

Le concept de culture d'organisation est directement lié à celui de l'identité.

Tout comme l'identité, la culture renvoie à la réalité interne de l'organisation et au ressenti de ses membres.

La culture se constitue au jour le jour, en fonction du vécu et des interactions des membres, du fonctionnement quotidien de l'entreprise.

L'identité forme un inconscient collectif, un système de croyances tandis que la culture s'exprime dans les comportements et les pratiques observables.

La culture d'une entreprise est constituée de plusieurs aspects (Brun et Rasquinet) :

– les croyances, les valeurs, les normes, des règles de comportement partagées par les membres de l'organisation ;

– les mythes et les histoires, faisant référence aux succès de l'entreprise, à des époques et des figures héroïques ;

– les rites, les actes répétitifs marquant temporellement la vie de l'entreprise ;

– les tabous, ce qui est censuré pour préserver la vie et la cohésion du groupe.

Par ailleurs, une entreprise ne fonctionne pas en huis clos, elle vit et interagit constamment avec son environnement socio-économique. La culture renvoie ainsi à la réalité sociale dans laquelle une firme s'inscrit, et qui dans le même temps, détermine la façon dont elle va atteindre ses objectifs, par la coordination de ses unités et de ses membres.

La culture d'entreprise comporte trois dimensions (de Saint-Georges) :

– **La culture sociétale** : l'entreprise est une réalité culturelle dans une société déterminée.

– **La culture d'entreprise** : il s'agit de la dynamique sociale et culturelle, des modes de comportement spécifiques à une entreprise.

– **La culture projet** : elle renvoie à l'action volontaire du management sur la culture d'entreprise.

Par exemple, lors des déboires de Toyota pendant l'année 2010, les médias ont mis en avant le « Toyotisme ». Le modèle incorpore à la fois la culture nippone, une organisation du travail et un modèle de gestion spécifiques, ainsi qu'un rapport au travail propre aux employés de l'entreprise.

Le succès de ce modèle, appliqué au-delà de la sphère automobile, se confond avec la puissance de l'économie japonaise[1]. Il se construit autour de quelques grands principes tels que la flexibilité et la réduction des stocks, l'amélioration constante des produits (*kaizen*), et leur qualité et fiabilité (*jidoka*). Il repose également sur une stimulation sans relâche de la créativité des employés.

1. « Toyota, c'est le Japon », *Le Monde* du 8 mars 2010.

La crise traversée par le groupe a été présentée comme une mauvaise adaptation du modèle aux différents contextes nationaux, ainsi qu'une mauvaise application de la culture d'entreprise dans les unités décentralisées. Les médias ont ainsi souligné une double crise, d'image et d'organisation du travail.

La notion de « culture d'entreprise » renvoie donc à plusieurs strates interdépendantes.

Tout d'abord, l'entreprise s'insère dans un contexte socioculturel particulier qui l'influence et qu'elle influence en retour.

Ensuite, chaque entreprise possède un « esprit maison », une façon de faire qui lui est spécifique, une coordination naturelle qui peut être inconsciente et qui traduit son identité.

Enfin, elle consiste également en une orientation particulière voulue par le management, dans une optique d'efficacité et d'efficience. Le management peut, notamment par la communication interne, influencer les modes de coordination, les façons de faire et de penser, afin de rencontrer les objectifs de l'entreprise.

La culture est finalement un constituant, une manifestation de l'identité corporate, liant entre eux les membres de l'organisation, par un ensemble de règles implicites de comportements et d'interactions.

La culture et l'identité renvoient à la construction d'une communauté au sein de l'entreprise, à l'instauration d'un « monde vécu » commun, à travers la multiplicité et la diversité des acteurs.

II. L'IMAGE DE L'ENTREPRISE

1. Définition

L'image d'une entreprise est composée des perceptions, croyances, impressions d'un individu ou d'un groupe à son propos.

Avoir une certaine image d'une organisation, c'est se la représenter, lui attribuer un certain nombre de caractéristiques, physiques et morales. Cette image, positive ou négative, orientera les comportements et la confiance qui lui seront accordés.

L'image trouve son origine dans plusieurs sources :

– les contacts directs, les expériences personnelles avec l'organisation (par le biais de son personnel, de ses produits, etc.) ;

– les informations émises par l'organisation, par son programme identitaire (identité visuelle, publicités, etc.) ou ses actions ;

– les informations diffusées par une autre source (médias, concurrents, communications interpersonnelles avec l'entourage, etc.).

Le concept d'image est apparu dans les années 1920 aux États-Unis, en conséquence de différents facteurs tels que la dislocation croissante des entreprises et la symbolisation qui s'ensuit mais également une volonté de faire entrer l'entreprise dans la conscience collective et d'apporter une réponse stratégique à un environnement de plus en plus concurrentiel et à une opinion publique de plus en plus exigeante.

L'usage du concept d'image a souvent été critiqué, par des auteurs tels que Daniel Boorstin, qui dénonçait la création de « pseudo-événements » par les médias américains et les relations publiques. Il mettait notamment en cause la référence à une image, supposant une perception non réelle, une illusion. L'industrie médiatique et communicationnelle aurait détourné l'image de son sens premier pour l'assimiler aux résultats de la manipulation de l'opinion.

Selon Gilles Marion, il est nécessaire de faire la distinction entre :

– **L'image voulue** : les valeurs et intentions déclarées que l'entreprise souhaite projeter.

– **L'image diffusée ou projetée** : l'ensemble des significations et des messages émis par et sur l'organisation.

– **L'image perçue ou déposée** : l'ensemble des opinions et des représentations qu'ont les publics sur l'organisation.

Bien qu'elle lui appartienne juridiquement (l'image de marque est considérée par le Code de la propriété intellectuelle comme un actif immatériel stratégique), l'entreprise n'est donc pas la seule à décider de son image. Ce qu'elle veut projeter ne sera pas ce qui se formera dans l'opinion publique. Celle-ci se basera sur toutes les informations diffusées, quelles qu'en soient la source et la véracité.

Par ailleurs, la marge de manœuvre d'une politique d'image est encadrée par l'identité réelle de l'entreprise d'un côté et par sa situation objective sur le marché de l'autre.

Pour Shirley Harrison, l'image se constitue autour de quatre axes : l'*identité*, la *réputation*, les *valeurs*, et la *personnalité* de l'entreprise.

Enfin, Georges Lewi conçoit un triangle de la communication ayant comme pôles l'image voulue, l'image perçue et l'image objective. *L'image voulue* est celle désirée, visée par l'entreprise ; *l'image objective* repose sur une analyse sémiologique des signes utilisés ; *l'image perçue* est l'idée que le public se fait de la marque ou de l'entreprise.

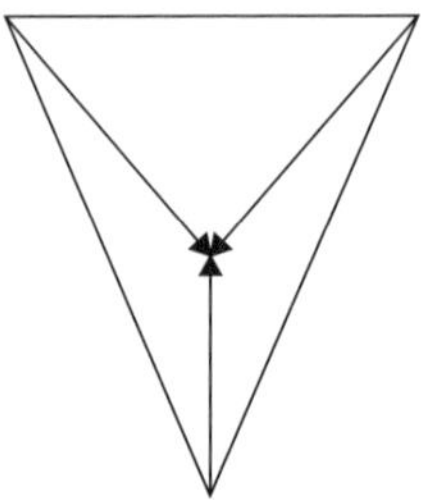

Source : Lewi G., *La marque*, Vuibert, 2004.

Figure 3.2

Le point fondamental de ces différentes théories est que même si elle lui appartient juridiquement, une part de l'image d'une entreprise lui échappera toujours, ce qui ajoute à l'importance de cet actif. Il subsiste une part d'insaisissable et d'incontrôlable dans l'image qui sera finalement perçue par les publics.

Les messages émis par l'entreprise se mêleront aux autres informations reçues, aux expériences faites, aux impressions partagées.

Les stratégies de communication corporate viseront à réduire le décalage entre l'identité et l'image, entre l'image voulue et l'image perçue, selon les objectifs de l'organisation.

2. Caractéristiques de l'image d'entreprise

Contrairement à l'identité, unique, cohérente et relativement constante, l'image d'une organisation est constamment mouvante et changeante selon son cycle de vie.

L'image est également multifacette. Chacun aura une image différente de l'entreprise selon l'angle et les circonstances depuis lesquels il appréhende les données. Une entreprise devant se restructurer pour améliorer ses performances aura une toute autre image auprès des employés qu'auprès des actionnaires et des investisseurs.

Par ailleurs, la formation de l'image ne sera pas forcément consciente ni rationnelle. Elle s'ancre dans des impressions cognitives, mentales, affectives, provoquées par les différents signaux.

Pour Rémi-Pierre Heude, l'image de marque possède quatre composantes :

– **une composante institutionnelle** : « l'image donnée par l'entreprise au niveau des institutions du pays dans lequel elle est née et où elle prospère», la légitimité, l'image sociale de l'entreprise ;

– **une composante professionnelle**: «l'image technique et industrielle», la perception de l'entreprise dans son métier, en tant que productrice de biens et services ;

– **une composante relationnelle**: l'image de l'entreprise auprès des groupes sociaux avec lesquels elle entretient des contacts réguliers, le personnel interne, les fournisseurs, les distributeurs, les clients, etc. ;

– **une composante affective**: le «capital sympathie» de l'entreprise, l'attachement particulier qui la lie à ses parties prenantes.

Plusieurs paramètres, aussi bien rationnels qu'affectifs, entrent donc en compte dans la constitution de l'image d'une entreprise.

Ceci rend l'image beaucoup plus complexe et plus volatile, plus fragile, que l'identité, qui doit rester la plus cohérente possible.

3. Avantages et inconvénients d'une image forte

– L'image est un actif immatériel, qui peut être d'une valeur considérable (parfois supérieure à celles des autres actifs) et faire la différence dans le chiffre d'affaires.

– Une bonne image est un facilitateur de relations. Avoir une bonne image aide l'organisation dans ses différentes démarches relationnelles, que ce soit avec les pouvoirs publics, avec les employés, les riverains, les ONG…

– Par une image et des valeurs fortes, l'organisation se présente comme un acteur majeur, responsable et impliqué dans la communauté dans laquelle elle est insérée et exerce ses activités.

– Une bonne image corporate rejaillit sur les produits et services. Une entreprise connue et appréciée pour ses valeurs attirera plus facilement les utilisateurs et consommateurs.

– Une bonne image corporate est un avantage par rapport à la concurrence, c'est un soutien aux activités opérationnelles et commerciales de l'organisation.

Cependant, une image forte peut restreindre la marge de manœuvre communicationnelle de l'entreprise. Dans un souci de cohérence, celle-ci peut être limitée à certains registres conceptuels.

– Une bonne image est un «capital-confiance». Elle aide à prévenir les rumeurs, traverser et surmonter les crises. Le capital social de l'entreprise l'aide à garder et regagner la confiance de l'opinion publique.

Néanmoins, la déception sera d'autant plus grande en cas de manquements de la part d'une entreprise en qui le public a placé sa confiance.

4. Image et notoriété

Venant du marketing, la « notoriété » peut être définie comme la renommée d'une marque ou d'une entreprise, son degré de connaissance, sa « présence à l'esprit » du public.

Il existe plusieurs niveaux de notoriété :

– **notoriété spontanée :** l'entreprise ou la marque est citée spontanément pour un secteur ou une catégorie de produits ;

– **notoriété top of mind ou notoriété « de premier rang »**, l'entreprise est parmi les premières citées spontanément dans son secteur ;

– **notoriété assistée** : l'organisation est reconnue quand on la présente (ex. : en citant son nom ou en la reprenant dans une liste préétablie) ;

– **notoriété qualifiée** : les personnes interrogées peuvent citer le nom et les principaux produits et services de l'entreprise.

La notoriété peut être vue comme le degré zéro de toute politique d'image. L'entreprise doit en effet d'abord être connue avant de tendre à une image.

La notoriété constitue également un soutien à la politique d'image. La connaissance que le public aura d'une firme donnée déterminera son attention aux messages de celle-ci et constituera un critère de sélection parmi la multitude d'entreprises communicantes.

Néanmoins, si la notoriété est une condition nécessaire, elle n'est pas suffisante pour créer une image favorable. Une mauvaise publicité, une rumeur, une crise, autant de circonstances peuvent mettre l'entreprise en avant, mais jouent contre son image et sa réputation.

III. LA RÉPUTATION DE L'ENTREPRISE

Le concept de réputation est régulièrement associé à celui d'image, et la différence reste floue entre les deux termes.

L'image et la réputation renvoient au même phénomène, la formation d'impressions et de représentations sur une entreprise.

Néanmoins, les professionnels et les auteurs distinguent la réputation de l'image en voyant sa formation sur une durée plus longue, à travers la relation avec l'organisation.

Les théories de Charles Fombrun constituent une référence dans le domaine. Ce dernier définit la réputation comme étant « une perception des actions passées et des perspectives futures qui décrivent l'attractivité générale de la firme pour ses publics clés, par rapport à ses concurrentes ».

La réputation se construit donc à travers une perception globale et évolutive de l'entreprise. Elle s'acquiert par l'évaluation qui est faite par les parties prenantes de la solidité de l'entreprise et de sa fiabilité, aussi bien sur les aspects commerciaux qu'institutionnels.

Pour l'Observatoire de la réputation, l'image est une « photographie » à un moment donné, une impression instantanée, tandis que la réputation est un jugement porté sur un laps de temps plus étendu. « La réputation est à l'image ce que le cinéma est à la photographie. Au-delà de l'intention, il y a un scénario. Fondée sur une approche culturelle, historique, géologique, la réputation s'inscrit dans le temps. »[1]

Pour Stéphane Billiet, les deux notions renvoient à des réalités différentes : « L'image est la représentation de l'organisation, de la marque ou de l'individu dans l'esprit de ses parties prenantes », tandis que « la réputation, elle, exprime le degré de confiance que ses parties prenantes ont en la capacité de l'organisation, de la marque ou de l'individu à respecter ses promesses et à être à la hauteur des attentes suscitées. »[2]

L'image renvoie ainsi à une certaine conception de l'organisation, elle est relativement malléable et issue des stratégies d'entreprise, tandis que la réputation se base sur une relation de confiance qui s'établit avec les parties prenantes et se gagne à l'épreuve des faits.

L'image appartient juridiquement à l'entreprise tandis que la réputation est un capital qu'elle doit acquérir et que ses parties prenantes doivent lui accorder.

Paul Argenti, quant à lui, conçoit l'image comme la perception d'une catégorie particulière de parties prenantes, sous un angle donné, tandis que la réputation se constitue par l'agrégation des images différentes, à travers le temps.

Pour synthétiser ces différents points de vue, la réputation d'une entreprise peut ainsi être conçue comme :

---

1. www.obs-reputation.org
2. Billiet, 2009.

– l'agrégation des différentes images qu'ont les différentes parties prenantes, selon les différents événements traversés par l'entreprise et sa capacité à les gérer. Une réputation a donc un aspect collectif, partagé, tandis que l'image peut être propre à chaque individu ;

– se construisant à travers le temps et la relation entretenue avec ses parties prenantes. Jean-Pierre Piotet, président de l'Observatoire de la réputation, assimile la réputation à un « actif patrimonial », en soulignant que les entreprises ayant les meilleures réputations sont également les plus anciennes ;

– se traduisant par une confiance accordée par ses publics, et par leur croyance en la fiabilité de la firme, construite par les actes concrets de celle-ci.

L'image est ainsi une perception tandis que la réputation est une évaluation. L'image se base en partie sur des jugements symboliques et affectifs tandis que la réputation s'acquiert par des comportements et une ligne de conduite.

Mais dans les faits, les deux concepts se confondent et sont rarement distingués. Cela est notamment le cas dans les études qui sont faites sur leur mesure et leur évaluation.

IV. ÉVALUATION DE L'IMAGE ET DE LA RÉPUTATION

La réputation et l'image sont des actifs immatériels stratégiques. Néanmoins, s'ils sont porteurs de valeur, ces avoirs intangibles restent difficilement chiffrables.

Cette difficulté à évaluer objectivement la réputation et l'image tient à un paradoxe inhérent à la communication d'entreprise : d'un côté, une exigence de rentabilité, preuve de sa professionnalisation et de sa légitimité managériale ; de l'autre, la difficulté d'établir des standards de mesure uniques qui rendent compte de la multitude d'opinions individuelles et de la complexité des relations entre les entreprises et leurs parties prenantes.

Différentes solutions existent pour une entreprise désirant avoir un aperçu de sa réputation et son image.

Celle-ci peut avoir recours à un diagnostic sur mesure, intégrant des études qualitatives, auprès d'un panel ou de *focus groups* et des études quantitatives et des sondages auprès d'audiences plus larges (*cf. infra*, interview d'Assaël Adary).

Il existe également une multitude de baromètres indépendants, mis au point par des instituts d'études et des grands groupes de presse. Une étude faite par Fombrun en 2007, a dénombré pas moins de 183 classements de ce type dans 38 pays.

Ces classements constituent une source intéressante, notamment pour le *benchmarking*. Cependant, la situation reflétée reste relative, et ils sont à prendre avec un recul nécessaire.

Ces évaluations restent en effet à un niveau assez instrumental et offrent en général peu de vue sur le long terme, ce qui est contradictoire avec une logique réputationnelle.

Les critères d'évaluation sont également à examiner avec prudence. À titre d'exemple, l'étude de Fombrun a répertorié les critères communs de ces différents « ratings », comme la réputation générale, la qualité du lieu de travail (ce critère est cependant à prendre avec précaution, Fombrun ayant pris en compte les baromètres d'image interne dans son étude), la citoyenneté, la performance, le leadership, l'innovation, la gouvernance, et les produits.

Tableau 3.1 – Les principaux critères utilisés par les baromètres de réputation

Critères	Nombre de baromètres
Lieu de travail	73
Réputation générale	61
Citoyenneté	15
Performance	11
Leadership	10
Innovation	6
Gouvernance	5
Produits	2
Total	183

Source : adaptation de Fombrun C., « List of lists : a compilation of international corporate reputation ratings », in *Corporate Reputation Review*, 2007, 10 : 144-153.

Ces items ne sont pas nécessairement ceux que les publics prennent en compte dans leur évaluation des firmes. Par exemple, le baromètre Edelman de la confiance, établit que les facteurs les plus importants pour bâtir la réputation d'une entreprise sont essentiellement la transparence et l'honnêteté ainsi que la confiance, avant la qualité des produits et services. Les résultats financiers ne figurent qu'en dernière ligne.

La qualité des produits et services n'est, quant à elle, prise en compte que par une minorité de baromètres tandis qu'ils figurent dans les points les plus importants pour les publics.

Par contre, la performance financière des entreprises figure en dernière ligne dans les critères d'appréciation des publics, bien qu'elle soit prise en compte par une grande partie des baromètres. Notons également que la qualité d'employeur de l'entreprise est estimée importante pour les deux parties, ce qui confirme l'importance stratégique de la communication interne.

Tableau 3.2 – Les facteurs entrant en compte dans la réputation d'une entreprise

Des pratiques transparentes et honnêtes	83 %
Une entreprise digne de confiance	83 %
Des produits et services de qualité	79 %
Communique fréquemment	75 %
Traite bien ses employés	72 %
Bonne citoyenneté	64 %
Des prix corrects	58 %
Innovation	48 %
Leadership	47 %
Résultats financiers	45 %

Source : Edelman Trust Barometer, 2010.

Le principal impact de ces baromètres publics réside néanmoins dans l'effet induit sur les perceptions des publics, par leur publication dans les médias. Fombrun le souligne : « Les réputations corporate peuvent être vues comme des constructions sociales créées par la multitude d'évaluations effectuées par les spécialistes, les observateurs publics et les médias amplificateurs. »

V. QUELQUES BAROMÈTRES DE RÉPUTATION

1. *Fortune's most admired companies*

Existant depuis 1982, le classement annuel de *Fortune* a été un pionnier dans la mesure de la réputation des entreprises.

Son principal argument est d'établir un lien entre la réputation et la performance boursière des entreprises, en déclarant notamment que les résultats des *top ten* sont largement supérieurs à ceux de l'indice Standard & Poors.

La méthodologie de recherche consiste en un sondage auprès d'analystes, de dirigeants d'entreprise et de managers (4200 personnes pour l'édition 2010) sur les compagnies qu'ils admirent le plus.

Les entreprises sont notées sur neuf critères : innovation, management, responsabilité sociale, qualité du management, solidité financière, compétitivité globale, qualité des produits, investissement à long terme, utilisation des actifs.

S'il est souvent cité en référence, le classement *Fortune* comporte plusieurs biais, soulevés par les professionnels et les scientifiques. Parmi les principales critiques figure notamment la méthodologie utilisée. Les experts ont souligné la forte corrélation entre les critères, l'évaluation d'un facteur influençant celles de tous les autres.

Tableau 3.3 – Classement 2010, Fortune's Most admired companies

1	Apple
2	Google
3	Berkshire Hathaway
4	Johnson & Johnson
5	Amazon.com
6	Procter & Gamble
7	Toyota Motor
8	Goldman Sachs Group
9	Wal-Mart Stores
10	Coca-Cola

Source : http://money.cnn.com

Un important biais financier s'incarne également dans le fait que les sondés sont essentiellement des acteurs financiers et ne représentent pas toutes les parties prenantes. Il ne s'agit pas de recueillir l'avis des consommateurs, mais bien des entreprises elles-mêmes : « *Not what consumers think of corporate America, but what corporate America thinks of corporate America.* »[1] Par exemple, Goldman Sachs, qui après la crise financière a une image des plus mauvaises auprès du public, occupe une bonne place dans ce classement, les sondés appréciant ses performances financières malgré la crise.

1. http://money.cnn.com/magazine/fortune/mostadmired/2010

Tableau 3.4 – Classement 2010
Fortune des entreprises françaises

1	L'Oréal
2	Total
3	Technip
4	Michelin
5	L'Air liquide
6	Danone
7	Areva Group
8	GDF Suez
9	Christian Dior
10	Axa

Source : http://money.cnn.com

2. *Interbrand's best global brands*

Ce classement annuel existe depuis 1994, et adopte un angle commercial en se basant sur une valorisation financière des marques.

La méthodologie d'Interbrand se base sur quatre phases : une analyse financière, basée sur les revenus nets de la marque ; une évaluation du rôle de la marque, mesurant les revenus attribuables uniquement à la marque ; une mesure de la force de la marque et de sa capacité à générer la demande future et une valorisation de la marque, qui chiffre sa valeur absolue et « les revenus engendrés par une demande supérieure grâce à la force de la marque ».

3. *Global Reputation Pulse*

Réalisée par le *Reputation Institute*, cette étude annuelle se base sur les théories et la méthodologie utilisées par Charles Fombrun. Publiée en collaboration avec le magazine *Forbes* sous le titre « The world's most respected companies », elle se donne comme objet d'évaluer les compagnies mondiales ayant les meilleures réputations.

Cette étude se distingue des autres baromètres (et particulièrement celui de *Fortune*) en tablant sur une corrélation entre le score de réputation et les attitudes et comportements des consommateurs, se traduisant par une recommandation favorable de l'entreprise. 60 000 interviews *online* de consommateurs dans 25 pays sont réalisées, et plus de 1 000 compagnies sont notées.

Le modèle RepTrak, base de la méthodologie, établit 23 critères de comparaison, regroupés autour de sept indicateurs : produits et services, innovation, qualité du lieu de travail, gouvernance, citoyenneté, leadership et performance.

Cette étude a été appliquée sur les entreprises du CAC 40, pour la première fois cette année, par le cabinet i&e, avec la même méthodologie que le *Reputation Institute.*

« L'étude évalue la qualité des opinions émises sur les entreprises du CAC 40, qu'elles soient favorables ou défavorables » : ces opinions exprimées sont donc, selon l'optique de l'étude, corrélées avec des recommandations (ou non) de l'entreprise par les consommateurs.

Tableau 3.5 – Les dix meilleures réputations du CAC 40

Rang	Entreprise
1	Michelin
2	L'Oréal
3	Danone
4	Technip
5	Air Liquide
6	Peugeot-PSA
7	Saint-Gobain
8	Pernot Ricard
9	LVMH
10	Schneider Electric

Source : étude i&e.

4. *Millward Brown BrandZ Top 100*

Existant depuis 2006, cette étude annuelle classe les 100 marques globales les plus importantes selon leur valeur financière.

Le classement se caractérise par sa prise en compte aussi bien des données financières que des opinions des consommateurs, sur base d'études quantitatives. Il s'appuie sur la base de données BrandZ, présentée comme la plus importante au monde sur les marques.

La méthodologie comporte trois étapes : le calcul des revenus attribuables à la marque *(branded earnings)*, la proportion de ces revenus qui est liée aux liens avec les consommateurs *(branded contribution)*, et le potentiel de croissance de ces revenus attribuables à la marque *(brand multiple)*.

Parmi les classements français, nous pouvons également mentionner :

– Le baromètre de l'**Observatoire de la réputation – Datops :** S'inspirant de la démarche de *Fortune* et du lien entre la réputation d'une entreprise et ses performances boursières, l'Observatoire de la réputation produit tous les cinq ans, depuis 1993, un système de notation de la réputation financière des entreprises du CAC 40 et se basant sur un Indice Réputation allant de R à RRRRR. L'étude consiste en l'administration d'un questionnaire à environ 300 personnes, essentiellement des cadres, ayant de bonnes connaissances du monde économique et boursier. Les principales entreprises françaises sont évaluées sur plusieurs critères : la « bonne santé », la qualité des produits et services, l'attractivité, la confiance, le comportement responsable, la perception de son avenir. L'étude 2010 a consacré Air Liquide et Essilor avec une notation RRRRR.

– Le baromètre **Ipsos :** Le « baromètre de suivi d'image des grandes entreprises françaises », réalisé en collaboration avec Posternak-Margerit est publié trimestriellement par l'institut Ipsos depuis 1999. Il s'appuie sur un sondage d'un échantillon représentatif de la population française (952 personnes âgées de 18 ans et plus pour la dernière édition) afin de déterminer l'évolution de « l'indice d'image » des entreprises, en fonction des informations qu'ils auraient reçues à leur sujet. Cet indice d'image est calculé sur base de la différence entre le pourcentage d'interviewés déclarant avoir une bonne image de l'entreprise et le pourcentage d'interviewés ayant une mauvaise image de l'entreprise. Le baromètre suit régulièrement l'évolution de trente entreprises parmi les plus importantes dans leur secteur (ex. : Peugeot, Citroën, Leclerc, Danone, etc.).

Une lecture avertie de ces différentes évaluations implique de les contextualiser, et d'adopter un point de vue transversal, à travers les classements, le temps, et les entreprises concurrentes. Fombrun souligne aussi l'importance d'évaluer leur impact potentiel, notamment en identifiant le lectorat touché.

La véritable mesure de la réputation d'une entreprise s'inscrit finalement dans la relation de confiance qui s'instaure avec ses parties prenantes, dans la croyance de celles-ci en sa fiabilité et en ses valeurs.

Évaluation et mesure de l'image et de la réputation des entreprises

Interview d'Assaël Adary, coprésident du cabinet d'études Occurrence, auteur de l'ouvrage *Évaluez vos actions de communication.*

Comment mesurer l'image et la réputation d'entreprise ? Quelles méthodes ?

La méthode idéale est de débuter par une phase qualitative exploratoire, approfondie, sans préjugés, pour comprendre l'ADN de l'image et de la réputation de l'entreprise. Ceci permettra de mettre à jour les éléments qui seront ensuite mesurés dans une phase quantitative. Le problème des méthodes actuellement utilisées par les palmarès de réputation est de passer directement à cette étape quantitative. Les mêmes questionnaires, le même schéma est appliqué à des entreprises totalement différentes, ce qui ne permet pas de saisir la partie singulière, spécifique à chaque entreprise. Par exemple, la réputation d'une holding comme Vivendi, qui regroupe plusieurs activités ne peut pas être évaluée de la même manière qu'une entreprise avec un seul domaine d'action.

Quels sont les écueils à éviter si on veut mesurer une image d'entreprise ?

Un premier écueil à éviter est d'évaluer les préjugés et non l'image. Dans quelle mesure les personnes interrogées connaissent-elles réellement l'entreprise ? Les questions ont-elles été bien comprises ? Et il est très difficile de faire la part des choses à ce niveau-là. Il faut un outil méthodologique permettant d'approcher ces questions très approfondies. Une étude récente a par exemple établi que Technip était parmi le top 10 des entreprises avec la meilleure réputation, or elle est très peu connue du public. La question se pose auprès de quel public fonder cette réputation. De la même façon, il est dit de Vivendi qu'elle a une mauvaise image en développement durable, parce qu'elle ne se préoccupe pas de la gestion des eaux, mais Vivendi n'est plus active dans ce secteur depuis plus de dix ans.

Un deuxième problème peut se poser au niveau de l'incertitude statistique. Certains palmarès se basent sur l'avis de cent personnes, or la marge d'erreur pour cent personnes interrogées est de plus ou moins dix points, soit un intervalle de confiance de vingt. Les classements publiés sont donc à prendre avec beaucoup de prudence.

Les professionnels différencient-ils image et réputation ?

Les entreprises ne font pas réellement la différence, il est plus à la mode de parler d'une étude de réputation. Et elles ne mesurent pas vraiment les conséquences méthodologiques de cette différence. L'image est une photographie en 2D. Elle donne des indications sur la façon dont l'entreprise se donne à voir dans l'immédiateté, elle est plus de l'ordre de la perception, du j'aime/je n'aime pas. Tandis que la réputation se construit plus en 3D. Elle comporte une dimension morale, plus historique, porte sur ce que l'entreprise sera, si elle sera débitrice ou créditrice. Et cette épaisseur temporelle rend la réputation très difficile à évaluer, car la mesure se fait toujours à un instant t.

Comme pour les personnes, on peut avoir une bonne image de quelqu'un mais ne pas être prêt pour autant à s'en porter garant. La réputation est de cet ordre-là, on se porte garant de quelqu'un qu'on connaît et en qui on a confiance.

Quelle est la part de l'image du PDG dans l'image de l'entreprise ?

Le PDG peut jouer sur l'image de l'entreprise mais pas de manière universelle. C'est-à-dire que certains dirigeants d'entreprises sont volontairement plus visibles, se font porte-parole voire militants, là où d'autres restent dans leur rôle de gestionnaire. Inévitablement, cela colore l'entreprise, selon que le PDG soit plus neutre ou plus affirmé. Mais encore une fois, avant d'affirmer quoi que ce soit, il faut être sûr de la connaissance que les personnes ont du PDG et de ses actions, avant de les interroger sur son image.

Peut-on croire les palmarès/baromètres d'image dans la presse ?

On peut les croire, mais modérément, et ce pour plusieurs raisons. Tout d'abord, ces baromètres ont souvent une « boîte noire méthodologique ». Il est très difficile de comprendre les méthodes utilisées. Ensuite, elles utilisent des indicateurs composites. C'est-à-dire que chaque indicateur renvoie à plusieurs composantes, et il faut essayer de saisir comment elles ont été formées. Enfin, les conditions de ces études ne sont pas très claires. On n'a presque jamais connaissance des questions qui ont été posées, comment elles ont été formulées ni à qui elles ont été posées.

Néanmoins, un intérêt de ces baromètres est leur pérennité. Les mêmes méthodes sont utilisées chaque année, ce qui permet d'établir un différentiel année après année. La question du rythme doit également être posée. Pour certaines entreprises, il est plus opportun de mesurer l'image tous les semestres, là où d'autres ont des rythmes beaucoup plus lents.

L'idéal serait de poser des questions directes, claires, appelant des réponses sans appel. Par exemple demander à la personne si elle recommanderait les produits ou services de cette entreprise à un proche ? Si elle estime que l'entreprise dit la vérité ou ment ?

Chapitre 4

Planifier la communication corporate

Pour la communication corporate, dont le rôle est de gérer l'image et la réputation de l'entreprise, le principal mot d'ordre est la cohérence à travers les différentes expressions et actions. En cela, la mise en place d'un plan de communication est une étape incontournable.

I. LE PLAN DE COMMUNICATION

Le plan de communication est un document stratégique, qui constitue le cadre de référence et d'exécution de la communication d'entreprise. Le plan permet d'organiser, de prévoir, d'harmoniser et de coordonner toutes les actions communicationnelles pour une période donnée, généralement pour un an.

Avoir un plan de communication permet donc d'éviter la dispersion et les actions ponctuelles, *one-shot*. Par ailleurs, il légitime les actions communicationnelles en les inscrivant dans la ligne stratégique globale.

La structure fondamentale du plan de communication est la suivante :

– **La réalisation d'un audit et d'un diagnostic** : l'audit consiste à faire un état des lieux de la situation, par des méthodes quantitatives (sondages) ou qualitatives (interviews, observations, analyses documentaires et sémiologiques) afin de pouvoir poser un diagnostic sur les problèmes de communication de l'entreprise, sur sa notoriété, son image, sa réputation, ou encore la qualité de ses outils et l'état de ses relations avec ses différents publics.

– **La détermination des objectifs :** suivant les résultats de l'audit, on pourra mesurer les écarts entre la situation idéale (l'image voulue) et les résultats réels (l'image perçue), et, par la suite, formuler des objectifs pertinents et réalistes.

Il faut distinguer les *objectifs stratégiques* de l'entreprise (augmentation des parts de marché, préparation à une fusion/acquisition…), des *objectifs généraux* de communication (faire connaître l'entreprise, changer ou consolider sa réputation) qui eux-mêmes seront traduits en *objectifs spécifiques et opérationnels*, donc mesurables et avec des résultats tangibles (augmenter les visites sur le site Web de X % du temps X au temps Y, augmenter le taux de notoriété d'autant de points...).

– **L'identification et la segmentation des publics** : il s'agit ensuite d'identifier les groupes sociaux importants dans l'atteinte de ces objectifs, qu'ils soient favorables ou hostiles. Comme nous l'avons vu, les entreprises ne peuvent plus se limiter aux relations avec les actionnaires, les consommateurs ou les médias, elles doivent tenir compte de toutes leurs parties prenantes car chaque catégorie a un pouvoir de parole et de jugement sur ses activités. La démarche consiste à identifier ces parties prenantes, les caractériser, selon leur catégorie socioprofessionnelle, leur statut, etc. ; et les segmenter, selon qu'elles sont prioritaires (dont le cœur de cible), secondaires, ou des publics relais.

– **La définition des messages** : selon le contexte, les publics précéderont ou suivront les messages dans l'ordre de réflexion. Commencer par déterminer les publics peut mener à un éparpillement des messages qui seront adaptés à chaque type de public, mais savoir à qui l'on va s'adresser peut aider à formuler un message impliquant et pertinent. Le message peut ainsi avoir des déclinaisons, mettre l'accent sur un aspect particulier (responsabilité sociale de l'entreprise, atouts financiers...) ou adopter des styles différents (rationnel, ludique...) selon les publics, mais l'idée de base reste unique et le tout doit rester cohérent. Celle-ci s'exprime par une signature, une *baseline*, un slogan fort et reconnaissable.

– **Le choix des outils et des moyens** : un bon outil est celui qui permettra une communication optimale du message, auprès des publics visés, en remplissant l'objectif auquel il est assigné. Les outils s'inscrivent donc dans cette logique bien précise et ne doivent pas mener la réflexion. Une typologie classique distingue les « médias » du « hors-média ». Les techniques médias désignent le recours aux médias de masse, presse, radio, télévision, tandis que le hors-média a trait à tout ce qui relève du contact « direct » avec les publics (sponsoring, mécénat, événementiel...). Cette distinction est de moins en moins claire, notamment avec la généralisation d'Internet, multimédia par excellence, qui permet de toucher une audience massive sans passer par les médias traditionnels.

– **La planification et la mise en œuvre** : la démarche de planification traduit concrètement les différents points du plan sur une ligne du temps fixant les échéances, avec les responsables et les moyens humains et techniques nécessaires pour chaque point. On constate un raccourcissement des délais des plans de communication : de trois à cinq ans auparavant, ils sont passés à un an voire à six mois, coïncidant avec la publication des résultats financiers.

– **La budgétisation :** le budget doit être complet (prévoir chaque poste budgétaire), prévoyant (laisser une marge de manœuvre) et précis (chaque dépense doit être justifiée et détaillée). Une variable importante dans le budget est le temps qui sera consacré à chaque action. Le budget peut également être calculé sur base du chiffre d'affaires de l'organisation. S'il y a peu de visibilité sur le budget, l'équipe de communication peut proposer différents scénarios et différentes étendues du plan selon le budget que l'organisation est prête à allouer. Cette façon de faire, par objectifs, demande que l'équipe ait déjà un certain ordre d'idées sur l'étendue budgétaire des plans de communication.

– **L'évaluation :** après la mise en œuvre du plan, un bilan est effectué pour mesurer si les objectifs ont été atteints et si les opérations ont bien été menées. Les démarches dites *post test* d'évaluation suivent les mêmes méthodes de base que l'audit, elles mesurent l'évolution de la situation par rapport au point 0 diagnostiqué par l'audit.

II. SPÉCIFICITÉS DU PLAN DE COMMUNICATION CORPORATE

Le plan de communication corporate comporte plusieurs spécificités, inhérentes à la gestion de l'image et de la réputation de l'entreprise.

1. Dans ses objectifs

La communication corporate peut tabler sur plusieurs objectifs :

– des *objectifs de notoriété*, faire connaître une organisation et ce qu'elle fait, son positionnement, faire percevoir son existence ;

– des *objectifs d'image ou de réputation*, faire comprendre sa mission et ses valeurs, avoir un positionnement clair dans l'esprit des publics, obtenir leur adhésion et leur confiance ;

– des *objectifs de changement de comportement ou d'attitude*, sensibiliser à des problématiques, obtenir des actions. Les actions et les messages dépassent le simple cadre de l'entreprise et s'ancrent dans des enjeux sociétaux.

Selon les types d'objectifs, le temps et le budget qu'il faudra y consacrer seront d'autant plus importants. Les objectifs de notoriété seront plus faciles à atteindre que des objectifs d'image ou des objectifs de changement de comportement.

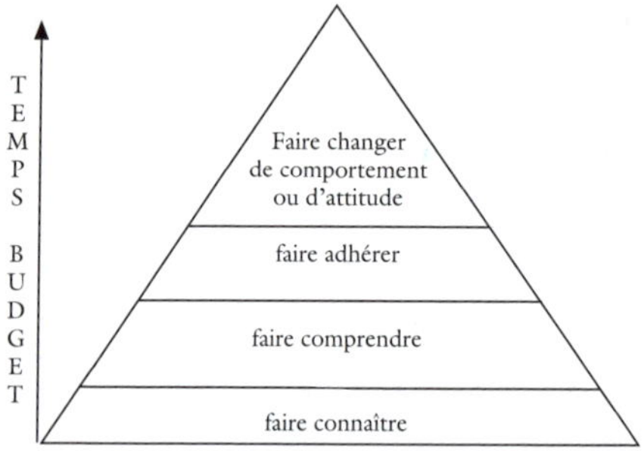

Figure 4.1 – Les objectifs de la communication

2. Dans ses publics

La spécificité de la communication corporate est qu'elle est adressée au « grand public ». Dans sa fonction de management, elle doit parler à toutes les parties prenantes de l'entreprise, en d'autres mots à l'opinion publique.

3. Dans ses messages

Les messages émis par la communication corporate doivent donner du sens à l'entreprise et à ses activités, apporter une valeur ajoutée éthique et institutionnelle par rapport à ses concurrents.

Ces messages doivent en outre être assez généraux pour s'ancrer dans des enjeux sociétaux et avoir une résonance auprès du grand public. L'essor du développement durable dans les thématiques des communications d'entreprise ces dernières années est une illustration frappante de cette recherche de messages consensuels.

Les messages corporate doivent également servir de fil conducteur et assurer la cohérence des différents messages émis par l'entreprise.

Le triangle vision-mission-valeurs est souvent évoqué comme cadre de référence des messages corporate.

La mission est la vocation de la firme, sa raison d'être, ce qu'elle fait. La mission exprime également sa spécificité dans la réalisation de ses activités, ce qui la différencie des autres organisations du même secteur.

La vision exprime l'ambition finale de l'organisation, ce à quoi elle tend à moyen et long terme, au-delà de la réalisation quotidienne de ses missions. La vision donne la direction que l'organisation désire prendre dans le futur.

Les valeurs sont de l'ordre de l'éthique de l'organisation. Elles représentent ses principes fondamentaux, ce en quoi elle croit fermement, et ce qui est au cœur de la réalisation de sa mission et l'accomplissement de sa vision.

Par exemple, le groupe industriel Solvay exprime ainsi sa mission :

> « Forts de nos compétences scientifiques, techniques et commerciales dans les domaines de la chimie et conscients de nos responsabilités, nous fournissons des produits et des services innovants en vue de créer pour nos clients, nos actionnaires et nos collaborateurs une valeur toujours croissante. »

Sa vision :

> « Solvay est un groupe industriel indépendant, éthique, à vocation mondiale, disposant d'un portefeuille équilibré d'activités durables, rentables et en croissance, gérées dans le respect de l'environnement. »

Et ses valeurs :

> « Nous croyons fermement à l'orientation client (...), au comportement éthique (...), au respect des personnes (...), à la responsabilisation (...), au travail en équipe (...). »[1]

Tableau 4.1 – Le Top 10 des valeurs d'entreprises à l'International

	Valeurs pilotes	% 2009	
1	Qualité	39,7 %	*DOMINANTES*
2	Innovation	38,8 %	
3	Satisfaction client	25,5 %	*MAJEURES*
4	Intégrité	19,2 %	
5	Environnement	17,6 %	
6	Responsabilité sociale	17,2 %	
7	Succès	16,4 %	
8	Savoir-faire	16,1 %	
9	Responsabilité	15,3 %	*FORTES*
10	Esprit d'équipe	12,9 %	

Source : index international des valeurs corporate 2009, Wellcom.

L'index international des valeurs corporate est établi depuis 2003 par l'agence Wellcom. Cette étude se veut être une « photographie

1. Source : solvay.fr

des valeurs d'entreprise » ; elle répertorie et classifie les valeurs corporate affichées par les entreprises dans 11 pays.

Le dernier index met ainsi en évidence une tendance à la baisse des valeurs conquérantes dans le discours actuel des entreprises au profit de valeurs sociétales, comme la responsabilité sociale ou l'environnement, montrant que « la perméabilité aux valeurs sociétales, morales devient de plus en plus une nécessité pour l'entreprise de 2009 ».

4. Dans ses outils

La communication corporate peut utiliser tous les outils et les techniques des relations publiques et du marketing, allant de la publicité aux relations presse, en passant par la communication événementielle ou le mécénat.

Elle s'incarne également dans des techniques propres, telles que la communication symbolique ou l'identité visuelle.

Ces différentes techniques sont examinées au chapitre 6.

5. Dans sa planification

La tendance au raccourcissement des plans de communication est contre-productive pour l'image et la réputation, qui ne se construisent pas sur le court terme.

Il s'agira pour la communication corporate d'assurer la cohérence et la continuité de l'image de l'entreprise à travers les différents plans et à travers le temps.

La communication corporate de la Société Générale

Interview de Denis Marquet, directeur de l'information de la Société Générale

Quelle est la place de la communication corporate à la Société Générale ? Ses fonctions, ses enjeux, ses objectifs ?

La communication corporate joue un rôle essentiel sur trois aspects fondamentaux, l'amélioration de la productivité, le développement du chiffre d'affaires et la levée de capitaux. Elle améliore la productivité par le développement de la fierté d'appartenance et de la motivation. Elle agit également sur la capacité des salariés à accepter le changement permanent. Elle aide au développement du chiffre d'affaires et à la levée de capitaux, par son travail sur la connaissance de la marque et sur sa notoriété ainsi que par la gestion de la réputation, par la création de confiance et le sens qu'elle donne à l'entreprise. La Société Générale a, par exemple, une notoriété excellente, mais sa réputation a été mise à mal par l'affaire Kerviel. Malgré tout, nous n'avons pas perdu de clients, et c'est grâce à notre réputation et à la confiance de nos clients. Le vrai travail se fait sur la confiance, surtout dans le secteur bancaire.

Quels sont les principaux publics de la communication corporate à la Société Générale ?

Il y a trois grandes catégories. Tout d'abord les cibles internes, au sein desquelles on peut distinguer les cercles managériaux et l'ensemble des salariés. Les 160000 salariés répartis à travers 82 pays et au sein de 40 activités sc gèrent de manière spécifique. On fait beaucoup appel aux relais de communication et aux managers, notamment pour des questions linguistiques. Ensuite, il y a les cibles externes, les journalistes et les parties prenantes, actionnaires et investisseurs et la société civile, ONG et associations, vis-à-vis desquels nous avons une démarche d'engagement. Enfin, une troisième catégorie, celle des internautes, particulièrement les étudiants et les chercheurs d'emploi, et les clients qui peuvent être touchés par la communication corporate.

Qui la gère ? Quels métiers ?

Elle est gérée par une équipe de communication, qui est dirigée par le directeur de la communication du groupe. Celui-ci a une hiérarchie directe sur la communication corporate, et une supervision sur la communication business. Les métiers présents sont le mécénat, le sponsoring, la gestion de la marque corporate, les relations presse, la communication interne, la communication institutionnelle, les relations publiques et les relations institutionnelles. C'est une structure classique. Nous n'avons pas de département développement durable car notre volonté est de ne pas en faire seulement un objet de communication, mais de l'inclure dans nos activités. Il y a également une grande porosité, et de plus en plus grande entre la communication interne et externe, et un mouvement clair de l'externe vers l'interne.

Comment évaluez-vous l'image de la Société Générale ? Avec quels indicateurs ?

Nous avons tout d'abord un baromètre d'image interne, qui évalue quatre aspects, l'adhésion et la fierté d'appartenance, la capacité de recommandation, le niveau de connaissance de l'entreprise et les sources d'information. Il n'y a pas de fréquence établie, mais l'intervalle dépasse rarement l'année et demie.

À l'externe, il y a l'étude Efficience 3, qui valorise les marques pour l'ensemble des banques. La marque Société Générale est évaluée à environ 4 milliards d'euros. Enfin, il y a des mesures d'attractivité, commandées par l'ensemble des banques. Toutes ces études sont menées par des organismes indépendants. Mais la mesure n'est pas une fin en soi, c'est un outil de travail qui permet de nous situer par rapport à nos objectifs.

Quels sont les traits d'image différenciant la Société Générale du secteur bancaire ?

Au point de vue structurel, c'est une banque d'origine française, très implantée à l'international, qui est considérée comme extrêmement rigoureuse, technique et professionnelle. Nous avons les défauts de nos qualités, c'est-à-dire une image un peu froide et arrogante, due à cette grande technicité. Les clients viennent nous voir avec des besoins complexes, mais pas forcément pour une relation très conviviale, pour laquelle ils vont plutôt vers les banques mutualistes, ce que nous allons chercher à remédier. Au point de vue conjoncturel, l'affaire Kerviel a justement frappé au cœur de cette image. La fraude a révélé les défaillances du système de contrôle, pour lequel nous étions réputés irréprochables. Le travail est maintenant de montrer que nous avons rétabli cette rigueur.

Quel est le rôle de l'image dans les performances économiques dans le secteur bancaire ?

Concrètement, l'image agit tout d'abord sur la confiance des parties prenantes. Elle joue un rôle dans la capacité à attirer des talents dans un contexte problématique pour le recrutement, notamment des cadres. L'image agit également sur la valorisation financière de la marque. Ensuite, par la culture d'entreprise et la motivation des salariés, elle améliore les performances. Enfin, elle permet de rencontrer l'attente des parties prenantes pour une éthique dans l'acte d'achat. Cependant, il est toujours difficile de mesurer la contribution de la communication sur les performances, mais également sur l'image. La communication est un levier stratégique de l'entreprise mais il n'est pas le seul. De la même façon, de nombreuses composantes agissent sur l'image. L'affaire Kerviel n'était pas un problème de communication, mais elle a eu des conséquences sur l'image.

Quel a été le rôle de l'image pendant la crise ?

L'image a été un rempart. La Société Générale a une image forte, sérieuse, professionnelle. Ceci nous a permis de considérer cet accident comme un incident de parcours, grave mais ponctuel. L'image interne a également joué un rôle primordial. Les conseillers ont une relation forte avec les clients et les 8000 agences ont été autant de points de contacts.

La communication corporate a-t-elle changé après la crise ? Dans ses messages, ses publics, ses actions ?

Oui, elle a changé. On assiste à une valorisation de l'humain, du travail, des salariés, dans l'instauration de la confiance. Il y a également une acceptation de la transparence de la part des entreprises et la communication corporate s'est affirmée comme un lieu d'authenticité dans une période où règne la cacophonie, par les médias, les rumeurs, Internet, etc.

Quels sont les principaux développements à venir pour la communication corporate ?

Parmi les principaux développements, je vois les suivants. *La gestion globale de l'influence:* les salariés, les blogueurs, les journalistes, etc., la communication corporate ne contrôle pas tout, on ne peut plus freiner la conversation, il faut l'accepter et y participer. *La gestion du chaos permanent. Le développement de la loi de proximité*: la communication corporate est de plus en plus amenée à fournir du contenu pour les managers et les relais. Il y a un travail sur l'utilité de ce que l'on émet, pour que cela rencontre les attentes des parties prenantes. *La porosité grandissante entre l'interne et l'externe*: la distinction se fera de moins en moins en fonction des catégories de publics mais en fonction de leurs intérêts. *Le développement de la transparence.* Et enfin *la montée de la communication engageante*, qui implique une mobilisation, une implication, une incarnation de l'entreprise par les gens qui la font. Les entreprises ne mesurent pas encore le levier que représente la communication corporate. La crise y a aidé, mais il faut espérer que les vieux démons ne ressurgissent pas. La communication corporate a une importance capitale, au même titre que l'IT, la finance et le marketing.

Chapitre 5

Les champs d'expression de la communication corporate

Les entreprises peuvent parler d'elles-mêmes et mettre en œuvre une communication corporate vers différents types de publics et sur plusieurs champs d'expression.

I. LA COMMUNICATION GRAND PUBLIC

1. Une notion paradoxale

Il est souvent dit de la communication corporate qu'elle n'a pas de cible précise et qu'elle s'adresse au « grand public ».

Cette notion de « grand public », corollaire de celle d'« opinion publique » est assez contradictoire avec la logique de la communication d'organisation qui veut qu'on connaisse ses interlocuteurs (qu'on les conçoive comme des « clients » ou comme des « publics »), et que les messages et les moyens utilisés soient adaptés à leurs caractéristiques socio-économiques et culturelles.

Les spécialisations professionnelles, en communication interne, financière, etc., témoignent également de cette segmentation nécessaire des publics. Alors, comment concevoir l'existence du « grand public » ?

Le grand public suppose une opinion commune, « publique », partagée par toutes les personnes connaissant l'entreprise. Dire de la communication corporate qu'elle concerne le « grand public » consiste ainsi à souligner qu'elle doit parler à toutes les catégories de publics de l'entreprise. Elle apporte le fil conducteur, le point de vue transversal entre les expressions disparates, leur donnant une cohérence et une unicité nécessaires.

Ceci amène d'ailleurs la communication corporate à utiliser toutes les techniques de communication.

Les publics peuvent échapper à la segmentation. Ils sont susceptibles d'être touchés par différentes thématiques, et pas seulement par celles qui leur sont adressées en vertu de leur classification. Ainsi, une mauvaise communication interne peut être connue des publics externes, tout comme les discours externes trouvent une résnance en interne.

L'image globale de l'entreprise se constituera d'ailleurs aux interstices de ces niveaux de discours.

La communication corporate sera le point commun, la signature institutionnelle commune à ces différentes facettes.

2. La RSE comme incarnation de la communication grand public

La thématique du développement durable constitue une incarnation particulièrement pertinente de la communication corporate adressée au grand public.

Ce sujet a en effet une portée générale et consensuelle touchant les différents publics, tout en répondant aux attentes d'une opinion publique particulièrement sensibilisée au comportement éthique des entreprises depuis les années 1990.

Par ailleurs, une communication de leur comportement responsable permet aux entreprises de s'adresser aux pouvoirs publics et de démontrer leur respect des différentes réglementations auxquelles elles sont soumises.

La responsabilité sociale des entreprises (RSE) consiste en l'incorporation de la problématique du développement durable dans la ligne stratégique des entreprises. Elle se base sur le constat que les entreprises doivent justifier leur légitimité, avoir des valeurs autres que les seules valeurs économiques et prendre en compte les intérêts et les préoccupations des sociétés dans lesquelles elles exercent leurs activités. Elle inclut également une prise en compte des parties prenantes et une concertation systématique avec ces dernières.

L'expression de *Triple Bottom Line* définit souvent cette application de la RSE. Introduit par John Elkington, ce terme suggère que les entreprises doivent rendre compte de leur responsabilité sur les plans sociaux (*people*), écologiques (*planet*) et économiques (*profit*), dans leurs comportements et leurs discours.

L'impact de la communication RSE sur l'image corporate de l'entreprise est l'objet de nombreux débats. Contrairement à une opinion répandue, il semblerait que celui-ci soit très limité. Les entreprises ayant une communication RSE majeure ne figurent généralement pas en tête des baromètres d'image d'entreprise, et à l'inverse, les entreprises en tête de ces classements sont souvent davantage connues pour leur succès financier ou leur capacité d'innovation que pour leur engagement social et environnemental.

Non seulement la RSE ne serait pas un thème créateur de réputation, mais plusieurs études (Swaen, Vanhamme) indiquent qu'en outre, son effet serait négatif lorsque l'entreprise est confrontée à une situation de crise. Non seulement l'image RSE ne protège pas de la crise, mais elle pourrait en aggraver les effets. Un nouveau paramètre a fait son apparition, celui de la méfiance. Les entreprises confrontées à une crise apparaîtraient alors suspectes de manipulations, voire de mensonges, dans leur communication.

Le fait que les entreprises qui communiquent le plus sur leur engagement environnemental sont également celles dont l'impact sur l'environnement est le plus significatif, a renforcé la suspicion et amplifie les attaques en *greenwashing*.

Le *greenwashing*, ou éco-blanchiment, consiste la plupart du temps, à survaloriser une action écologique au détriment d'une information plus objective sur l'ensemble des activités.

Les méthodes de *greenwahshing* les plus employées consistent dans l'imprécision, l'absence de preuve, le recours à des labels auto-proclamés, l'affabulation, la non-pertinence ou l'accent porté sur un point positif, mais minime au regard du cycle de vie du produit[1].

L'Autorité de régulation professionnelle de la publicité (ARPP) a publié en juin 2009 une recommandation destinée à l'ensemble des professionnels de la communication afin de renforcer les règles dans ce domaine. L'enjeu n'est pas négligeable puisque derrière le thème du *greenwashing*, c'est la crédibilité publicitaire et les conditions de sa régulation qui sont en cause.

On peut dès lors s'interroger sur les raisons d'un tel engouement. Un élément de réponse apparaît dans le constat que la RSE est devenue un des plus petits dénominateurs communs dans la communication des entreprises. Le thème transcende toutes les disciplines et toutes les cibles de la communication, qui plus est, il est consensuel et sur le principe même, ne porte guère à la remise en cause. En conséquence, beaucoup d'organisations, sur la base de sondages indiquant une attente des citoyens, se sont engouffrées dans la communication RSE jusqu'à en faire un des thèmes majoritaires de la communication corporate.

---

1. Sur ce point, voir Terrachoice, *Les sept péchés de mascarade écologique*, avril 2009.

II. LA COMMUNICATION INTERNE

La communication centrée sur les employés constitue un aspect bien particulier de la communication corporate.

D'une part, les employés sont des publics internes dont il est indispensable d'obtenir la compréhension et l'adhésion.

D'autre part, ils servent de vecteurs d'image, d'« ambassadeurs » à l'externe, que ce soit par les contacts informels ou par leur mise en valeur dans les publicités institutionnelles.

Cette utilisation des acteurs organisationnels sert l'image de l'entreprise en l'humanisant et en dévoilant les individus qui la composent, tout en connotant son respect pour ses employés.

La gestion de la communication et de l'image interne est d'autant plus importante aujourd'hui avec la médiatisation des conflits sociaux, la rupture de sens dans le rapport au travail, et le brouillage des frontières entre l'interne et l'externe, apporté notamment par les blogs et les réseaux sociaux.

1. L'image interne

En plus d'une mission d'information interne, la communication interne doit également construire une image forte auprès des employés et membres de l'organisation afin de gagner et de garder leur confiance, faire leur fierté et favoriser leur motivation et leur adhésion.

Dans le contexte actuel de crise, de globalisation et de mondialisation, le rapport des employés à leur travail et à leur employeur est devenu un enjeu majeur et très sensible.

Par ailleurs, les qualités d'employeur d'une entreprise sont une composante essentielle de son image globale.

Une enquête menée en avril 2010 pour BPI par l'institut BVA montre l'importance de l'image sociale dans la réputation des employeurs, mais également pour la rentabilité des entreprises.

Déterminée par le bien-être et les conditions de travail, l'image sociale des entreprises est considérée par les salariés et les chefs d'entreprise comme un atout pour recruter de nouveaux talents, pour favoriser l'implication des salariés mais également pour assurer une attractivité des produits.

Les employés représentent des leaders d'opinion de premier ordre pour les publics externes.

Les frontières sont en effet poreuses entre les deux facettes de l'image. Une mauvaise image externe aura des conséquences sur la fierté des employés, tout comme une mauvaise image interne égratignera la politique déployée en externe.

L'image interne se formera ainsi à la fois par la perception interne des employés et par le reflet de l'image externe de l'entreprise.

La construction d'une image interne est composée de quatre éléments (Schwebig) :

– **la composante institutionnelle :** l'image de l'entreprise auprès des leaders d'opinion, des médias, de la sphère politique et économique ;

– **la composante professionnelle :** le professionnalisme de l'entreprise estimé par ses employés ;

– **la composante relationnelle :** la proximité entre l'entreprise et le personnel ;

– **la composante affective :** l'adhésion et le sentiment d'appartenance à l'entreprise.

Un audit peut faire le point sur ces différents paramètres. Il peut permettre de mesurer *le climat interne* (l'état des relations), *l'image interne* (l'opinion des employés), ou encore *les outils de communication* (sont-ils utilisés, consultés ?).

La qualité de l'image de l'employeur auprès des salariés est également notifiée par des ratings sociaux et par des labels délivrés au niveau national et international.

Un exemple est le *Great Place To Work Institute* qui délivre chaque année le titre de « Meilleur employeur de l'année » à des entreprises de chaque pays, sur base de l'avis des employés eux-mêmes. Ce titre est attribué à « une entreprise au sein de laquelle les collaborateurs ont confiance en leurs responsabilités, sont fiers de leurs prestations et évoluent avec plaisir dans le milieu professionnel ».

2. La communication de recrutement : l'image employeur

La réputation et l'image de l'entreprise se jouent également à travers son « image employeur » ou *employer branding*, c'est-à-dire sa capacité d'attraction des collaborateurs de qualité.

Cette aptitude est cruciale dans un contexte de « guerre des talents », voyant des employés de mieux en mieux formés, une montée du travail nomade, une recherche de sens au travail.

Il a ainsi été montré que la réputation de l'entreprise en tant qu'employeur est considérée plus importante par les candidats que ses résultats financiers[1], et que la qualité des relations humaines et du management était en tête des facteurs susceptibles d'avoir un impact sur l'image de l'entreprise.

La communication de recrutement mettra ainsi en exergue outre l'identité de l'entreprise, des éléments tels que ses valeurs (respect, éthique, responsabilité sociale…), la qualité du travail (créativité, dynamisme…), les avantages offerts (rémunération, avantages sociaux…), la qualité de l'environnement de travail (épanouissement personnel, collaborateurs de haut niveau, bonne ambiance de travail…), les opportunités de carrière (progression, formation…).

On peut considérer qu'il existe un lien d'influence réciproque entre l'image employeur et l'image corporate globale. En effet, l'image ou la réputation d'une entreprise en tant qu'employeur rejaillit sur son image corporate. Dans le même temps, une image corporate favorable attire plus facilement les talents. Le véritable enjeu est évidemment que la promesse soit tenue et que l'image présentée par l'offre d'emploi soit fidèle à la réalité.

Les étudiants représentent un public privilégié pour la communication de recrutement. Les outils sont donc souvent élaborés autour des écoles, tels que la présence dans les salons étudiants, l'attribution de bourses d'études ou de prix pour un travail de fin d'études ou un projet, le sponsoring, les journées de recrutement, les concours type *business games*…

Pour le grand public, les offres d'emploi, les petites annonces et les publicités sont des outils couramment utilisés.

Les réseaux sociaux sur Internet offrent également des ressources nouvelles. De nombreuses entreprises ont des « pages sponsorisées » sur Facebook ou organisent des événements sur Second Life. Ces outils permettent d'avoir des contacts réguliers avec les publics, d'entretenir une relation privilégiée par des invitations ou des offres spéciales, de donner un avant-goût de la culture d'entreprise, de former un sentiment précurseur d'appartenance à une communauté.

3. Les principaux outils de la communication interne

L'affirmation de l'entreprise comme institution, par la communication interne, a pour principales fonctions de :

– **Motiver** : que les employés trouvent du sens à leur travail et donnent de la valeur à leur contribution dans l'entreprise.

1. Étude Ifop pour Publicis Consultants, publiée en 2008.

– **Informer** : fournir aux employés les données et informations nécessaires à la compréhension de la mission de l'entreprise.

– **Mobiliser** : faire de chaque membre un ambassadeur de l'organisation, que chacun adhère à sa vision et aide à la diffusion de ses valeurs.

– **Unifier** : construire du lien, bâtir une communauté et un corps social, au-delà de la hiérarchie, des distances spatiales, des frontières organisationnelles.

– **Écouter** : instaurer et garder l'implication et la confiance des membres en reflétant et en faisant remonter leurs préoccupations.

Tableau 5.1

Moyens oraux	Moyens écrits	Moyens audiovisuels	Moyens informatiques
Communication de proximité (type visite d'usine) Réunions, rencontres, téléconférences, cercles de qualité Communication événementielle (*incentives*, *team building*, portes ouvertes, théâtre d'entreprise...) Journal téléphoné Numéro vert	Journal d'entreprise Flashes d'information, newsletter Revue de presse Documents de travail (note de service, rapports...) Tracts Documentation (livret d'accueil, brochures d'information, ouvrages...) Panneau d'affichage Boîte à idées Sondages, enquêtes internes	Film d'entreprise Visioconférence Diaporama Journal vidéo	Intranet Extranet Email Newsletter électronique Forums de discussion Wikis Blogs

Les outils de la communication interne sont habituellement classés en outils oraux, écrits, audiovisuels, informatiques. Le tableau 5.1 présente quelques exemples d'outils le plus souvent rencontrés.

III. LA COMMUNICATION FINANCIÈRE

Une bonne image financière, la confiance des publics en la fiabilité et la solidité de l'entreprise, sont un fondement majeur de sa réputation.

La communication financière renvoie aux actions d'information et de communication mises en œuvre par une entreprise vers ses publics financiers.

Elle a pour objectifs la diffusion de toutes les informations relatives à la performance et aux résultats financiers de l'entreprise mais également à sa vision stratégique et à sa politique de développement.

La communication financière vise à la formation d'une image financière solide, cohérente et juste, contribuant à la création et au maintien d'une relation de confiance avec les publics financiers, les actionnaires, les investisseurs et les prescripteurs.

Pour Jean-Yves Léger, « avant d'entamer une démarche de communication économique (...), il est indispensable d'étudier l'image du groupe concerné »[1]. Il ne peut y avoir, selon lui, de bonne communication financière sans une bonne image globale.

1. De l'information à la communication financière

La communication financière est passée d'une information financière sur les résultats comptables à une communication stratégique, portant sur l'avenir de l'entreprise et ses performances, visant à convaincre de l'efficacité de la stratégie et du management.

En effet, le véritable enjeu de la communication financière est de gérer la différence entre la valeur réelle, objective, d'un titre et son cours.

Les marchés financiers fonctionnent sur les comportements hypothétiques des entreprises, et les acteurs basent leurs décisions sur des critères objectifs mais également sur leurs intuitions et leurs perceptions.

Ces démarches anticipatives ne tablent pas sur la seule comptabilité de l'entreprise mais également sur les décisions sociales, environnementales, stratégiques et sur des données institutionnelles.

La communication financière a longtemps été réservée à des initiés. D'activité obligatoire, consistant essentiellement en la publication d'informations comptables et factuelles, elle est devenue

1. Léger J.-Y., *La communication financière*, Dunod, 2008.

une activité de communication à part entière au service de la stratégie globale de l'entreprise.

L'intégration d'informations plus générales a accompagné la prise de conscience du rôle joué par la réputation de l'entreprise et la perception qu'en avaient les acteurs financiers, sur l'évaluation d'une action, et donc sur son cours.

Cet élargissement de la communication financière s'est traduit :

– **Au niveau de ses messages** : la réputation ne se basant pas uniquement sur des critères financiers, les informations sur la stratégie, la vision, les projets de l'entreprise accompagnent désormais les résultats financiers. L'Observatoire de la communication financière distingue ainsi l'information légale obligatoire, périodique (sur une base annuelle, semestrielle ou trimestrielle) et toutes les informations, laissées à l'appréciation de l'entreprise, qui doivent être communiquées aux publics financiers car susceptibles d'influer sur le cours de bourse (partenariats commerciaux, plan de restructuration, lancement d'une marque, etc.).

– **Au niveau de sa forme** : la communication corporate et institutionnelle sert souvent à cadrer, à contextualiser les informations strictement comptables. Une illustration de cet état de fait est le rapport annuel. Le rapport annuel a une double vocation, qui se retrouve généralement dans son contenu : présenter les résultats financiers, assortis d'informations techniques et comptables et délivrer un message institutionnel, par le mot du président, l'exposé des réalisations de l'entreprise, de ses projets, de sa vision.

– **Au niveau de ses publics** : avec la multiplication des acteurs et le développement de l'actionnariat populaire et salarié, les publics financiers se sont considérablement diversifiés. On peut ainsi citer les investisseurs institutionnels (SICAV, assurances, fonds de pension...), les institutions financières (agents de change, banques...), les analystes et journalistes financiers, les pouvoirs publics et régulateurs des marchés, les actionnaires individuels et les « petits porteurs », les actionnaires salariés.

– **Au niveau des métiers** : la fonction d'*investor relations* s'est professionnalisée de plus en plus. Elle représente le point de contact permanent des actionnaires et investisseurs et assure la remontée de la tendance du marché vers les dirigeants.

– **Au niveau des outils** : si l'écrit reste un support de référence, Internet s'est imposé comme un outil indispensable, non seulement d'un point de vue légal (accessibilité et archivage des résultats) mais également comme un moyen de communication avec les publics.

Plusieurs éléments expliquent cet essor et cet élargissement de la communication financière, notamment :

– une augmentation de la réglementation (en particulier l'application des normes et directives européennes) ;

– la globalisation et l'élargissement des marchés entraînant leur complexification, une multiplication des acteurs et des produits financiers appelant une communication volontaire et la fidélisation des investisseurs ;

– la succession des scandales financiers qui a ébranlé la confiance dans les entreprises et entraîné un besoin accru de transparence et de communication ;

– l'exigence croissante des parties prenantes et des publics financiers, qui forment un actionnariat actif, demandant à être informés de la marche globale de l'entreprise, non seulement des résultats financiers, mais également de la vision stratégique, de l'éthique, de la gouvernance, ou encore de la responsabilité sociale.

2. Le capital image

La constitution d'une bonne image financière, d'un « capital-image » par la communication financière est primordiale pour attirer et fidéliser les investisseurs, diversifier les actionnaires, et pouvoir compter sur leur soutien dans les différents projets et les étapes de la vie de l'entreprise. Sur un terrain d'hypothèses et d'anticipation, une bonne réputation devient un atout primordial.

Réciproquement, comme l'image financière repose en grande partie sur des éléments périphériques aux données comptables, les autres composantes de l'image auront un impact plus ou moins important sur son image financière.

Une bonne image financière servira également à gagner et garder la confiance de l'actionnariat institutionnel et individuel et à convaincre les prescripteurs tels que les analystes et les journalistes de la fiabilité et du potentiel de croissance de l'entreprise.

Il existe finalement une certaine « fertilisation croisée » entre le financier et l'institutionnel. La communication financière reflète la traduction de la stratégie globale de l'entreprise dans ses activités et ses résultats. En effet, les informations comptables, par leur concrétude et leur factualité, viennent illustrer les discours institutionnels, et leur apportent une certaine « tangibilité ».

En retour, cette mise en contexte institutionnelle donne un sens, une orientation stratégique à moyen et long terme aux résultats chiffrés, les met en perspective dans l'évolution globale de l'entreprise. Les chiffres donnent la mesure et reflètent l'efficacité de la stratégie.

Cette rencontre entre le corporate et le financier s'illustre par exemple par l'importance croissante des Investissements Socialement Responsables (ISR). Ceci a notamment donné naissance à des agences de notation spécialisées, des indices boursiers spécifiques, des analystes ISR, etc.

La communication financière participe enfin à la communication corporate par sa régularité et sa permanence. Elle accompagne en effet les grandes étapes de la vie de l'entreprise et joue un rôle essentiel dans la cohérence de son image et de sa réputation.

3. Principaux outils de la communication financière

– **Publication de documents**: informations réglementées et obligatoires (rapport annuel, communiqués de résultats financiers annuels, semestriels, trimestriels, avis financiers...).

– **Publicité financière:** particulièrement utilisée dans le cadre d'événements financiers ayant un intérêt pour le grand public (introduction en bourse, OPA...). Elle est surtout véhiculée par la presse, la radio et la télévision.

– **Relations presse:** les médias sont une source d'influence importante auprès des publics.

– **Internet**: espace obligatoire d'archivage des résultats financiers, le site Internet de l'entreprise est également une source d'information importante pour les actionnaires et les investisseurs auxquels un espace est souvent réservé sur le site.

– **Événementiel:** assemblée générale annuelle des actionnaires, *roadshows* (rencontres entre les dirigeants, les actionnaires et les investisseurs actuels et potentiels de plusieurs places financières) et *reverse roadshows* (les analystes se déplacent pour rencontrer plusieurs dirigeants).

– **Relations publiques:** *analyst & investor days*, participations à des salons, visites d'entreprise...

– **Dispositifs de fidélisation:** club des actionnaires, lettre aux actionnaires (information régulière sur les résultats intermédiaires)...

– **Dispositifs interactifs**: numéros verts, kiosques d'information, informations par SMS, etc. Internet permet également de mettre en place des vidéoconférences, des webcasts donnant aux interlocuteurs une plus grande flexibilité et une diffusion optimale des informations.

– **Réunions et rencontres régulières** : comité consultatif (un petit nombre d'actionnaires qui conseille la direction de l'entreprise), réunions d'information (au moment de la publication des résultats annuels), réunions individuelles.

IV. LA COMMUNICATION DE CRISE

La succession et la médiatisation des crises, aussi bien organisationnelles que structurelles, ces dernières années, ont affirmé l'importance de la communication de crise dans la gestion de l'image des entreprises.

Dans ce contexte, la réputation constitue un enjeu essentiel, à la fois comme un actif immatériel à protéger et comme un atout majeur dans la gestion de la crise.

La réussite de la gestion de la crise dépend, en effet, en grande partie de la perception qu'en aura l'opinion publique. Or ces représentations ne sont pas nécessairement basées sur les faits objectifs, mais sur des impressions et des sentiments subjectifs.

1. Crise et image

L'image et la réputation de l'entreprise sont au centre de la définition d'une crise d'un point de vue communicationnel.

Selon Christophe Roux-Dufort, il existe deux visions de la crise, l'approche événementielle, voyant la crise comme étant un phénomène imprévisible, « un événement inattendu mettant en péril la réputation et le fonctionnement d'une organisation » (définition donnée par Otto Lerbinger) et l'approche processuelle, la voyant comme un révélateur de fragilités latentes, « la phase ultime d'une suite de dysfonctionnements mettant en péril la réputation et la stabilité d'une entreprise » (définition donnée par Thierry Libaert).

La réussite ou l'échec de la communication sera ainsi principalement évalué par l'impact de la crise sur l'image de(s) l'entreprise(s) concernée(s) et sur la confiance des parties prenantes.

La communication de crise est également centrale dans la communication corporate car une crise peut toucher tous les domaines. La légitimité de l'entreprise peut en effet être atteinte au niveau de son savoir-faire et de son métier, de son image professionnelle ou encore de ses valeurs.

De plus, l'image et la réputation sont des paramètres déterminants dans la traversée d'une crise.

Une image positive, une bonne réputation, des relations harmonieuses avec les parties prenantes représentent des atouts contre les rumeurs et les attaques. Comme le souligne Maud Tixier : « Le défaut de capital-image ne coûte cher qu'après la crise. (….) C'est pourquoi (…) c'est l'avant-crise qu'il faut gérer. Quand elle survient, il est déjà trop tard, si l'entreprise n'est pas préparée. »[1]

Timothy Coombs a également souligné qu'une entreprise avec une bonne réputation traversera la crise avec moins de dommages. Cependant, la révélation d'une culpabilité de l'entreprise altérera plus durement son image et créera une brèche dans la réputation et la relation de confiance établie avec les publics.

Par ailleurs, une entreprise ayant de mauvaises relations aura plus de mal à convaincre de son honnêteté, partant avec un « handicap » de départ. Les stratégies développées pourraient ainsi perdre de leur efficacité à cause de cette illégitimité.

Une crise est également déterminante pour la ligne communicationnelle de l'entreprise, car de son image « post-crise » dépendra son positionnement ultérieur.

Elle peut, par exemple, représenter une opportunité pour l'entreprise d'augmenter sa notoriété, par la médiatisation, et de renforcer son image.

Mais elle peut également remettre en cause la survie même de l'entreprise.

La crise confronte finalement les discours de l'entreprise à un contexte de réalité et d'urgence. Il s'agit d'une évaluation de la cohérence entre l'image projetée et l'identité de l'entreprise, de la continuité entre sa communication interne et sa communication externe, un moyen de mesure de la solidité de ses relations avec ses parties prenantes.

2. Le rôle des médias

L'enjeu réputationnel de la crise pour les entreprises s'explique en grande partie par le rôle de caisse de résonance et de « mise à l'agenda » joué par les médias dans le processus.

La médiatisation d'un problème ou d'un incident constitue en effet l'élément déclencheur de la crise. La reprise d'une histoire par les médias la met sur le devant de la scène et face à l'opinion publique.

Par ailleurs, les journalistes remplissent leur fonction de relais d'opinion en mettant à jour les dysfonctionnements, ceci dans un contexte sociétal de méfiance de l'opinion envers le monde entrepreneurial.

---

1. Tixier M. (dir.), *La communication de crise*, Mc Graw-Hill, 1991.

Mais le terrain médiatique sera également celui sur lequel l'entreprise se fera présente et tentera de préserver son image et de rassurer les parties prenantes.

Il existe donc une relation triangulaire entre entreprises, médias et parties prenantes.

La crise éclate par la détection d'un dysfonctionnement, dans un contexte sociétal sensible (ex.: développement durable, santé...). La médiatisation sert alors à focaliser l'attention des parties prenantes sur la problématique et à demander des comptes à l'entreprise. Cette dernière utilisera finalement les médias pour garder ou restaurer la confiance des publics.

3. Stratégies de communication de crise et de gestion de la réputation

Chaque étape de la crise appelle des mesures adaptées de protection et de gestion de sa réputation de la part de l'entreprise.

- **Avant la crise: veille et identification des risques**

Il s'agit pour l'entreprise de rester constamment à l'affût des risques potentiels qu'elle court et de ses «zones de faiblesse»; des risques endogènes liés à l'exercice même de ses activités, mais également des risques exogènes, du «risque d'opinion», des problématiques sociales, économiques, politiques et des développements qui pourraient avoir un impact sur son fonctionnement.

Les différents risques identifiés ainsi que les parties prenantes impliquées, seront classifiés et hiérarchisés, le public prioritaire et commun à toutes les crises restant le public interne.

Cette démarche anticipative prend également la forme d'une préparation des équipes internes, (simulation, gestion du stress, mediatraining...), de la constitution d'une cellule de crise, active 7 jours sur 7 et 24 heures sur 24, de la préparation des plans d'action et des messages (argumentaires, *position papers*...).

- **Pendant la crise: les différentes réponses**

Au cœur de la crise, il est crucial que l'entreprise garde le contrôle de sa communication et occupe le terrain.

De nombreux points de vue existent sur les réponses à la crise. On peut les regrouper autour de trois postures-types que l'entreprise peut adopter dans la défense de son intégrité et de sa réputation:

– **Le refus**: la firme choisit le silence, ne fait pas de commentaire ou nie le problème, en se déresponsabilisant, par un transfert de responsabilité sur un bouc émissaire, ou sur des éléments annexes (changement de responsable, de contexte, de structure).

– **La reconnaissance**: l'entreprise choisit de reconnaître ses erreurs, de changer son fonctionnement, notamment avec la possibilité d'acquérir des circonstances atténuantes.

– **L'offensive**: l'organisation met en place son système de défense en tentant de modifier ou d'orienter l'opinion (par des campagnes de communication, par du *lobbying*), de déplacer le débat (par une communication sur un autre thème), de contre attaquer (en cherchant à décrédibiliser l'origine des attaques) ou encore de détourner l'attention (sur une autre personne, sur une autre piste d'explication).

- **Après la crise: évaluation et retour sur l'expérience**

Il est également indispensable que l'entreprise apprenne de son expérience. Elle peut évaluer la stratégie de communication en elle-même et sa mise en œuvre. Mais elle peut également procéder à une évaluation de l'opinion, de son image post-crise et étudier éventuellement l'opportunité d'une campagne de restauration de la réputation.

Restaurer l'image d'une entreprise après une crise

Le point de vue de Didier Heiderich, président de l'Observatoire international des crises.

Le processus de restauration d'une image après une crise est un processus long qui commence par un audit. Il s'agit en effet de comprendre en quoi l'image est dégradée. Si l'on évoque l'image de Total après la catastrophe de l'Erika, on peut aisément comprendre que si l'entreprise est perçue comme un acteur qui refuse de prendre ses responsabilités ou encore comme un pollueur sans âme, en revanche sa capacité à générer des profits n'est nullement atteinte tout comme la qualité de ses produits.

Aussi, cette étude procède en premier lieu de l'analyse par l'évaluation des différents domaines: social (interne), sociétal, environnement, produits et services, financier, juridique, dirigeants…

En deuxième lieu, il s'agit de déterminer auprès de quels publics l'image est dégradée: interne, actionnaires, clients, partenaires, autorités, spécialistes du secteur, grand public… afin de cibler la communication. Sur cette base, il est imaginable de réaliser un plan de communication qui ne peut fonctionner qu'à partir du moment où il est corroboré par des actions concrètes.

Ce plan doit prendre en compte la temporalité et pourra être mis en œuvre en deux phases: une première destinée à protéger les fonctions vitales de l'entreprise et une seconde phase, plus longue qui se destine à asseoir l'image de l'entreprise sur le long terme. Si des actions phares, particulièrement visibles, sont employées pour restaurer l'image d'une entreprise (départ de dirigeants, changement de nom, campagnes publicitaires...) c'est dans le quotidien et les rapports humains que se joue la partie.

Aussi, et comme en communication de crise, la communication interne prend toute son importance dans la restauration de l'image d'une entreprise. D'une part, parce que l'interne souffre véritablement et peut conserver longtemps les traumas de la crise, mais également parce que chaque employé, dans son comportement et ses propos participe de la restauration de l'image.

V. LE *LOBBYING* ET LA COMMUNICATION VERS LES POUVOIRS PUBLICS

Le *lobbying* désigne les activités qui visent à influer sur les processus de décision des institutions et pouvoirs publics. Une entreprise a donc recours au lobbying quand elle tente de modifier le cours d'une législation afin de défendre ses intérêts ou celui de son secteur.

Tirant son origine du terme *lobby*, qui renvoie aux halls parlementaires, le lobbying est également désigné par les termes « communication d'influence », « relations institutionnelles », « corporate affairs » ou encore « public affairs ».

La pratique est née aux États-Unis au XIXe siècle, et les premiers groupes de pression sont apparus en Europe après la Seconde Guerre mondiale.

Le lobbying ne s'est néanmoins popularisé que récemment, notamment avec les élargissements successifs de l'Union européenne et le poids grandissant des directives communautaires sur les législations nationales.

Le lobbying reste mal connu, et le lobbying d'entreprise, le *corporate lobbying* souffre particulièrement d'une image de corruption. Le secret qui entoure les pratiques et le devoir de réserve des acteurs ne font qu'entretenir cette suspicion.

Le lobbying fait cependant partie du processus démocratique auquel les entreprises prennent part.

Il s'inscrit à ce titre dans un programme de relations de l'entreprise avec les pouvoirs publics, et s'intègre dans une stratégie globale de communication institutionnelle.

Une formule célèbre de Bernard Le Grelle définit le lobbying comme étant composé de 20 % de droit, 20 % de politique, 20 % de diplomatie, 20 % d'économie et 20 % de communication.

La pratique de la communication d'influence tire en effet son origine des relations publiques telles que conçues par Edward Bernays, consistant à influencer l'opinion dans un sens favorable aux objectifs et intérêts des entreprises.

1. Les relations entre entreprises et pouvoirs publics

Le lobbying est traité dans cet ouvrage car il s'inscrit dans une démarche de communication. Néanmoins, ce n'est pas le seul type de relation que les entreprises peuvent avoir avec les pouvoirs publics.

Farnel décrit les différentes modalités relationnelles suivantes :

– **La coopération** *(mutual accommodation)* : dans le cadre d'un « contrat social » établi, les pouvoirs publics définissent le projet social et l'entreprise a pour charge de réaliser les stratégies.

– **L'approche « coup par coup »** : l'entreprise intervient ponctuellement sur une procédure ou une loi donnée, pour défendre ses intérêts. Cette intervention ad hoc repose sur une démarche d'anticipation et d'inférence.

– **L'action politique directe** : repose sur le principe de l'interactivité entre l'État et les entreprises, et sur l'idée que si l'État peut agir sur le fonctionnement des entreprises, celles-ci ont également leur mot à dire sur les décisions publiques. Les dirigeants d'entreprise participent aux décisions politiques, auprès des personnes clés.

– **L'action politique indirecte** : celle des groupes de pression et des lobbies. Elle fait appel à l'opinion, par des campagnes de sensibilisation, la médiatisation, etc.

Le lobbying peut s'exercer auprès des institutions au niveau local et régional, national, européen (Commission européenne, Parlement européen, Conseil de l'Europe) ou mondial (ONU, Banque Mondiale, FMI, etc.).

L'entreprise peut faire du lobbying vers les pouvoirs publics selon différentes formules :

– elle peut parler *en son nom propre*, représenter ses propres intérêts ;

– elle peut parler de la voix commune d'une association ou d'une fédération professionnelle (parmi les associations les plus anciennes à Bruxelles, l'UNICE, l'union des confédérations de l'industrie et des employeurs d'Europe, représente 32 fédérations) ;

– elle peut faire appel à des lobbyistes extérieurs, à une agence spécialisée.

Il est ainsi estimé que sur les 3000 groupes d'intérêt qui pratiquent le lobbying à Bruxelles, 70 % défendent des intérêts privés.

Tableau 5.1 – Répartition des groupes d'intérêt actifs à Bruxelles

Fédérations commerciales européennes	35 %
Groupes de consultance	20 %
Entreprises individuelles	10 %
ONG	10 %
Syndicats	10 %
Représentations régionales	5 %
Organisations internationales	5 %
Think tanks	1 %

Source : « Brussels in Europe, Europe in Brussels. 50 years of convergence », Le Castor Astral, 2007.

2. La démarche de lobbying

Le lobbying ne s'inscrit pas dans une méthodologie figée et standardisée. Une structure générale de la stratégie peut cependant être dégagée. Farnel décrit les étapes suivantes dans une démarche de lobbying :

1. **Définir les objectifs de l'entreprise** : réduire les coûts entraînés par une loi, profiter des avantages d'une loi ou en minimiser les conséquences, mettre en cause une mesure défavorable, ou planifier sa participation à la préparation d'actions étatiques, sectorielles ou générales, etc.
2. **Sélectionner les points qui feront l'objet du lobbying** : la démarche de lobbying en tant que telle comporte une étape de veille attentive, d'analyse des enjeux et des acteurs, et d'intervention proprement dite.
3. **Identifier les cibles et choisir le moment le plus opportun.** Les cibles peuvent être internes au système politique et législatif ou externes (ex. : l'opinion publique).
4. **Sélectionner les techniques les plus appropriées** : le « lobbying direct », des interventions personnelles directes auprès des

personnes clés ; le « lobbying indirect », des actions faisant appel à l'opinion (publicité, campagnes de presse, pétitions...) ou à la voie légale et judiciaire ; les « coalitions », avec d'autres entreprises, d'autres groupes de pression ayant les mêmes intérêts ; ou encore le « lobbying financier » qui désigne les contributions financières aux partis, aux candidats, des pratiques assimilées aux pots de vin.

5. Mise en œuvre, monitoring et évaluation : le contrôle et le suivi de l'exécution de la stratégie.

3. Image d'entreprise et lobbying

Inscrire la communication d'influence et le lobbying dans une réflexion sur la politique d'image est ambigu. En effet, la pratique du lobbying reste connotée négativement en Europe et assimilée à des pratiques obscures. Les entreprises elles-mêmes ne déclarent pas encore ouvertement avoir recours au lobbying. Ainsi, il est ressorti d'un récent rapport (*Friends of the Earth Europe*), que les entreprises les plus importantes de l'Union ne s'étaient pas inscrites dans le *Répertoire des lobbies* mis en place par la Commission européenne en 2008.

On peut percevoir les liens entre l'image d'entreprise et le lobbying au moins à trois niveaux.

Tout d'abord, l'image sert l'influence. Une image forte donne un avantage supplémentaire à l'entreprise. Elle appuie son rôle d'acteur social, et lui apporte une crédibilité et une légitimité dans les échanges, mais également dans les intérêts qu'elle défend. Comme le souligne Michel Clamen, « Il n'y a pas que la puissance financière qui compte, bien qu'elle ait aussi son rôle. Avant tout, le poids du groupe est celui de sa crédibilité. Celui qui exprime un point de vue partagé par d'autres est écouté d'abord. »[1]

L'image de l'entreprise sera donc un appui de sa démarche de lobbying, étayée par des outils de communication tels que les brochures ou les publicités corporate.

Cette image peut être servie par des stratégies d'alliances. « Se coaliser s'accompagne souvent d'un plus d'image. »

L'image peut également être un paramètre important dans le recours à l'avis de l'opinion. « L'opinion publique ne se mobilise positivement que sur un dossier qui l'intéresse et pour un acteur qui la séduit. »

1. Clamen M., *Manuel de lobbying*, Dunod, 2005.

Réciproquement, l'influence sert l'image. L'image se construit également dans la communication d'influence. En effet, une entreprise joue son image dans sa démarche d'influence. Particulièrement dans le recours à l'opinion, l'entreprise (ou le groupe) allie ses intérêts particuliers à l'intérêt général, peut se faire porte-drapeau d'une cause, apparaît comme un acteur de premier ordre sur un thème sociétal.

Enfin, l'image est également une arme du lobbying. Comme le souligne Michel Clamen, « (...) en influence, fausser les images est une déviation courante. » L'entreprise peut ainsi agir sur l'imaginaire pour diminuer les thèses adverses, par la désinformation, en communiquant sur les points faibles des concurrents, en publiant des palmarès ou des sondages dévalorisants, etc.

Le lobbying en quelques chiffres

- 80 % des législations nationales proviennent d'actes juridiques communautaires.
- 15000 à 20000 lobbyistes exercent à Bruxelles. 3000 se sont déclarés auprès de la Commission depuis 2008 (OCDE).
- 750000 millions d'euros sont dépensés par an en lobbying (Bruxelles-Europe).
- 7,56 millions d'euros sont dépensés par an par les entreprises du CAC 40 (lobbycratie.fr).
- 3,5 milliards de dollars sont dépensés pour le lobbying au niveau fédéral aux USA (OCDE).
- 14000 lobbyistes environ sont déclarés aux USA (OCDE).

VI. LA COMMUNICATION B TO B

La communication B to B (B2B), ou *Business to Business*, désigne la communication entre professionnels ou entre entreprises.

Elle se définit par rapport à la communication B to C (*Business to Consumer*), qui désigne la communication destinée au consommateur final.

A priori, la communication B to B a essentiellement des enjeux commerciaux, de vente et d'achat entre producteurs et fournisseurs de biens et services industriels.

Néanmoins, l'image et la réputation entrent également en compte dans ces processus décisionnels et les messages corporate sont utilisés dans ce contexte pour donner une plus-value et une distinction à un acteur particulier.

La communication corporate sert à entamer la relation, à présenter, à faire connaître et à positionner l'entreprise, mais elle remplit également une fonction d'incitation, voire d'argument de vente.

En outre, elle joue un rôle dans la fidélisation des clients et dans l'entretien des relations.

Philippe Malaval[1] distingue plusieurs types de publics pour la communication business to business : *les leaders d'opinion*, *les prescripteurs* (internes : les responsables des différents services ; externes : journalistes, experts, clients), *les décideurs* (ceux qui prennent la décision finale : dirigeants d'entreprise, comités de direction), *les acheteurs* (ceux qui recensent les différents fournisseurs), *les utilisateurs* (l'usager ou le consommateur final).

La communication B to B s'adresse à des interlocuteurs hétérogènes et repose donc sur des relations très diversifiées, nécessitant des stratégies relationnelles adaptées aux différentes strates. Par conséquent, les techniques les plus utilisées misent sur des contacts ciblés voire individualisés, comme le marketing direct (mailing, VPC...), les salons professionnels, ou encore la presse professionnelle.

Comment communiquer son image à l'international, entre adaptation et standardisation ?

Par Mélanie Notte, étudiante au Master en Communication d'organisation à l'Université catholique de Louvain.

L'identité corporate d'une entreprise est souvent universelle car elle reflète les valeurs centrales et la philosophie de l'entreprise. Dès lors, comment communiquer sur son image au niveau international pour que celle-ci soit perçue de façon homogène ?

Pour communiquer sur leur identité, les multinationales ont le choix entre la mise en place soit d'une stratégie d'adaptation consistant à adapter la communication au niveau de la stratégie (message véhiculé) et de la réalisation (contenu et diffusion) en fonction des différences socioculturelles et linguistiques ; ou de standardisation consistant à utiliser sur tous les marchés étrangers une communication identique à celle du marché domestique. Cependant, la majorité des entreprises se rendent compte qu'elles ne peuvent ni standardiser ni adapter complètement leur communication,

1. Malaval Ph., *L'essentiel du marketing business to business*, Publi-Union, 1999.

optant alors pour la standardisation adaptée, formule médiane, consistant à utiliser conjointement la standardisation et l'adaptation. L'entreprise communique alors un message corporate identique auquel elle apporte quelques changements secondaires au niveau de la réalisation pour que la communication s'adapte localement aux spécificités des publics cibles. Les multinationales choisissent donc en général de diffuser une identité corporate identique internationalement. Cela induit que les composantes de la communication s'y rapportant comme le nom de l'entreprise, le logotype (incluant le nom de l'entreprise ou les initiales s'y rapportant, des symboles, un système de couleurs et une certaine typographie) et la signature institutionnelle (souvent traduite par le slogan de l'entreprise) sont elles aussi standardisées.

Toutefois, même si l'identité corporate et les valeurs centrales communiquées sont identiques, la forme de la communication doit correspondre aux caractéristiques socioculturelles et linguistiques des récepteurs pour être acceptée, interprétée et comprise le plus correctement possible par l'audience. En conséquence, d'autres composantes de la communication telle que la langue ou les porte-parole servant à exprimer ce message doivent quant à elles être adaptées.

C'est le cas d'Unilever qui, pour transmettre un message identique globalement (*Unilever helps people feel good, look good and get more out of life*), apporte quelques changements ponctuels à sa communication. Notons que la traduction littérale ne suffit pas toujours car cela peut induire des contre-sens ou des malentendus par rapport au message originel. Une réécriture du message en pensant dans la langue du pays est donc nécessaire afin de trouver une équivalence de sens et de valeur.

Si la standardisation adaptée semble être la stratégie la plus pertinente pour communiquer sur l'image de l'entreprise, celle-ci a ses limites. Lorsque l'entreprise s'adresse à des publics fortement hétérogènes, à moins de transmettre des valeurs universellement partagées, ces dernières peuvent être reconnues au sein d'une culture et dénigrées dans une autre. L'entreprise peut alors choisir d'adapter totalement sa communication corporate en fonction des attentes culturelles spécifiques de ses publics. Néanmoins, le risque est que l'image globale de l'entreprise souffre de disparité au niveau international. Ainsi, la multinationale d'origine italienne Fiat, si elle standardise majoritairement sa communication à l'intérieur de l'Europe, l'adapte totalement dans les autres régions du monde, le logo étant l'unique composante demeurant identique.

Enfin, la standardisation totale de la communication corporate, quant à elle, s'avère être contreproductive étant donné que les messages transmis peuvent être interprétés de diverses manières dans les différentes régions du monde. En conséquence, les entreprises qui optent pour la standardisation totale évitent en général de communiquer sur leurs valeurs afin d'éviter les problèmes d'interprétation culturelle. La plupart des entreprises du secteur de la mode par exemple, comme Zara ou Mango, privilégient l'image dans leur publicité institutionnelle et contiennent très peu de texte. Cependant, dans certains cas, l'image contient du sens comme c'est le cas pour Benetton qui standardise sa communication. L'entreprise justifie alors sa stratégie en disant que les valeurs centrales transmises (« United Colors », l'union dans la diversité) sont défendues de façon universelle.

Chapitre 6

Les techniques de la communication corporate

I. LE NOM

Le nom est le fondement de l'identité de l'entreprise, son premier acte de présentation sociale, mais également la première action de toute politique d'image.

Il représente en effet sa naissance légale, par le dépôt du nom auprès des organismes de propriété intellectuelle nationaux, tels que l'Institut national de la propriété intellectuelle en France (INPI), ou internationaux, tels que l'Office de l'harmonisation dans le marché intérieur (OHMI).

Avec le logo, le nom sera l'élément le plus stable de la communication de l'entreprise.

En choisissant un nom, l'entreprise exprime son identité. Le nom peut ainsi porter la trace des origines de l'entreprise (Fuji, Texaco…), de son projet de base (VW : voiture du peuple, Microsoft : Microcomputer Software) ou de son créateur (Chanel, Honda, Citroën…).

Mais le nom est également un pilier de sa communication, porteur d'identification et de différenciation, de son positionnement par rapport à ses concurrents.

Le choix d'un nom est un équilibre à trouver entre :

– l'identité propre et les tendances culturelles et linguistiques des publics : le nom de l'entreprise peut en effet ne pas être exportable dans tous les pays, ou être modifié pour des raisons stratégiques ;

– le créatif et le stratégique : la ligne créative choisie doit répondre aux objectifs de l'entreprise ;

– le descriptif et le communicatif : des noms renvoyant simplement à la raison sociale (ex. : SNCF) seront ainsi plus communicatifs, plus porteurs, sous forme de sigle ;

– la durabilité et l'évolution : le nom est l'élément le plus stable de l'identité d'entreprise mais il doit également pouvoir refléter son évolution à travers le temps. (ex. : Compagnie générale des eaux devenue Vivendi).

II. LE RÉCIT

1. Le récit au centre de la vie de l'entreprise

Avant d'être une technique de communication, les récits font partie intégrante de la vie quotidienne de toute firme, qu'il s'agisse des grands récits fondateurs, autour des figures mythiques des créateurs, des récits quotidiens construisant la vie sociale des employés, ou des récits de fiction où l'entreprise se met en scène.

Le récit constitue le fondement de tout groupe, il construit et affirme son identité. « Il n'y a pas, il n'y a jamais eu nulle part, aucun peuple sans récit (...) et bien souvent ces récits sont goûtés en commun par des hommes de culture différente, voire opposée » disait Roland Barthes.

Les récits d'entreprise ont également ceci de particulier qu'ils répondent à des besoins liés à l'efficacité et à la stratégie de l'entreprise.

Deux grands types de récits d'entreprise sont identifiés par Nicole d'Almeida[1] : *les récits de la maisonnée* et les *récits d'engagement.*

Les récits de la maisonnée instaurent l'identité de la firme. Ils parlent de son histoire, expliquent son vécu et ses valeurs, permettent d'établir une communauté émotionnelle, une mémoire et une culture collective, de construire un Nous, de souder les employés.

L'entreprise se met en scène, autour de son histoire, de ses origines géographiques, des légendes des héros fondateurs et construit une certaine idéologie managériale.

Les récits d'engagement sont tournés vers l'extérieur. Ils font de l'activité de l'entreprise une vocation et affirment son respect des valeurs universelles. Ces récits répondent aux contraintes de l'environnement externe, prenant les formes d'une pression législative, d'une pression politique, d'un poids de l'actionnariat et de la pression de l'opinion publique.

Raconter l(es) histoire(s) de l'entreprise permet donc à la fois d'établir une culture interne et un positionnement identitaire externe. Il s'agit de communiquer l'essence profonde de l'entreprise, les éléments uniques qui font sa distinction, expliquent ses origines et montrent sa direction future.

La force des récits réside dans leur cohérence. Ils doivent parler à tous les publics, internes et externes, à travers un concept fort et unique.

---

1. D'Almeida N., *Les promesses de la communication*, PUF, 2001.

2. Le *storytelling*

Depuis quelques années, le terme de *storytelling* est régulièrement assimilé à cette dimension narrative de la communication institutionnelle.

Cette pratique, l'« art de raconter des histoires », instituée par Stephen Denning a notamment fait l'objet de l'ouvrage accusateur de Christian Salmon.

Le *storytelling* remet finalement au goût du jour une pratique ancestrale et universelle, en mettant en avant l'importance des récits et des histoires dans l'adhésion à une communauté émotionnelle.

Néanmoins, le *storytelling,* loin de recouvrir toutes les facettes des récits dans l'entreprise, soulève des questions éthiques importantes, tenant notamment à la vérité des récits relatés et à leur manipulation instrumentale.

Car le récit sert à « dire et raconter l'entreprise » et non à « raconter des histoires » à son sujet.

Communication corporate et *storytelling*

Le point de vue d'Andrea Catellani, professeur de relations publiques à l'Université catholique de Louvain.

Les entreprises sont sans doute depuis toujours impliquées dans la dynamique du récit. L'entreprise est en effet un énonciateur et un sujet de narration important, avec sa naissance, ses héros, ses développements, ses mésaventures, ses succès.

Les stratégies de communication des entreprises peuvent donc inclure la construction de « mondes narratifs » qui élaborent l'identité de la firme pour en donner une image positive, pour nourrir l'imaginaire des clients et de la société, pour renforcer sa réputation.

À partir des années 1990, les acteurs de la communication d'entreprise ont donné une importance croissante à la narration, en coïncidence avec le développement de l'intérêt pour le récit comme élément de la vie en organisation.

Le terme de *storytelling* s'est alors diffusé, à partir du monde anglo-saxon, pour identifier d'un côté les narrations et de l'autre l'activité de raconter des histoires, à travers différents médias (oralement, par écrit, sur Internet, à travers des vidéos).

On s'est aperçu que l'identité de l'entreprise, dans le contexte de notre société de l'image et de la communication, peut être une source importante pour construire une communication efficace, surtout sur le plan émotionnel.

Dans le domaine de la communication institutionnelle externe, les entreprises ont intensifié la proposition de leur histoire, de leurs-

origines « glorieuses », de leurs héros fondateurs, de leurs succès techniques et commerciaux.

L'histoire de l'entreprise est donc racontée, devient un récit passionnant et attirant, pour nourrir la réputation de l'entreprise, sur un plan émotionnel et non seulement rationnel, à travers la construction d'un monde mythique et héroïque.

Le site corporate de Barilla, premier producteur mondial de pâtes (www.barillagroup.com), nous offre par exemple, dans la section dédiée à son identité, un parcours qui présente l'évolution de l'entreprise et de ses produits, en lien direct avec l'histoire de la société italienne et européenne, depuis les commencements dans une petite boutique de boulangerie de Parme jusqu'à l'expansion mondiale actuelle. L'identité de l'entreprise devient donc le matériel pour construire un monde narratif capable d'intéresser, d'informer et de plaire.

Cette augmentation de l'importance de l'histoire dans la construction de la communication corporate n'est pas le seul aspect de la montée en puissance du *storytelling* dans la communication d'entreprise.

Par exemple, les moyens de communication interne, comme les journaux adressés aux membres de l'entreprise, proposent souvent le récit exemplaire des « bonnes pratiques » des salariés : ces récits permettent de transmettre une série de valeurs (responsabilité sociale, participation, engagement, etc.) à travers la proposition de « petits héros » du travail et de la vie en commun.

Cette importance du *storytelling* pose aussi des problèmes éthiques. Si le discours de l'entreprise se fonde sur des histoires passionnantes, il faut en effet s'interroger sur le statut de vérité de ces « mondes textuels » : est-ce que l'importance donnée aux émotions et au plaisir du récit est en train de supplanter, dans la gestion comme dans la communication en général, la présentation rationnelle des actions et des produits de l'entreprise ?

Ce type d'interrogation (légitime et importante) n'élimine pas le fait que la forme narrative reste un élément central de la façon que les hommes ont de donner sens à leur vie, et elle sera toujours un outil important de communication pour les entreprises.

III. LA COMMUNICATION SYMBOLIQUE

Les techniques de communication symbolique sont particulièrement utilisées par la communication corporate, car elles répondent au besoin d'intégrer de la valeur et du sens dans les différentes manifestations de l'organisation.

Ces techniques, destinées en premier lieu à un usage fonctionnel, remplissent également une fonction institutionnelle en représentant l'identité et les valeurs corporate et agissant sur l'impression d'une image particulière.

La communication symbolique apporte un surcroît d'esthétique, d'artistique, de stylistique dans les interactions entre les entreprises et leurs publics, dans l'univers quotidien de production et de consommation.

1. L'identité visuelle

• Définition

Si le mot *corporate identity* est souvent utilisé pour désigner l'identité visuelle d'une entreprise, il ne faut pas confondre les notions d'identité et d'identité visuelle.

Le *corporate design* (ou *design corporate*) est également couramment employé pour parler de l'identité visuelle. Il a l'avantage, en parlant de design, de mettre l'accent sur l'aspect professionnel et stylistique de la conception et de l'application d'un système d'identité visuelle.

L'identité visuelle est constituée de l'ensemble des expressions visuelles qui permettent l'identification et la reconnaissance d'une entreprise. Elle résulte de ses différentes manifestations visuelles, particulièrement des applications et déclinaisons de son logo sur les différents supports (papeterie, cartes de visite, brochures, site Internet, uniformes, bâtiments, véhicules, cadeaux et objets promotionnels, etc.).

L'identité visuelle est donc à la fois un vecteur d'identité et une expression de celle-ci.

Elle remplit plusieurs fonctions :

– une fonction de visibilité et de notoriété, par un contact rapide, simple et facile avec les publics ;

– une fonction d'identification et de différenciation, en favorisant la reconnaissance de l'entreprise ;

– un balisage des territoires d'action et d'expression. Les signes visuels sont des marques de possession et d'appartenance à travers le temps et l'espace ;

– une fonction d'institutionnalisation, en représentant par un système simple de signes, les valeurs de l'entreprise et sa mission ;

– une fonction de construction et de gestion de l'image. Une identité visuelle permanente (bien qu'évolutive) permet d'assurer une harmonisation et une continuité dans les cycles de vie et les stratégies de l'entreprise, et témoigne de sa cohérence et de son unicité.

Wally Olins relève trois types d'identité visuelle :

– **L'identité monolithique :** une même signature, un seul nom est utilisé pour la communication institutionnelle et les marques. Cette stratégie a l'avantage de la clarté et de l'unicité. (ex. : Shell, IBM, BMW...).

– **L'identité d'endossement** : l'identité visuelle du groupe côtoie celle de ses filiales et de ses marques. Elle constitue un moyen efficace pour véhiculer les mêmes valeurs à travers les supports, tout en laissant l'expression de chaque instance (ex. : L'Oréal, General Motors, Rhône Poulenc.).

– **L'identité de marques** : l'identité de l'entreprise est indépendante de celle de ses produits et services. (ex. : Kraft Foods, Beiersdorf...).

Le choix d'un type d'identité visuelle résulte de la stratégie d'image et du positionnement voulu par l'entreprise et doit être cohérent avec ses objectifs stratégiques.

À cet égard, l'application du logo et de l'identité visuelle fait l'objet de normes précises et rigoureuses. Un *livre des normes* ou *charte graphique* accompagne la présentation du logo au personnel et consigne les différentes règles de déclinaison et d'usage (taille, couleurs, typographie, mise en page...) selon les contextes et les supports.

L'identité visuelle corporate se décline principalement à travers deux principales composantes : le *design graphique* (le logo) et le *design d'environnement* (l'aménagement des espaces).

- **Le logo**

Le logo est l'expression symbolique de l'identité de l'entreprise, par une représentation graphique et spécifique de son nom. Il constitue la clef de voûte de son système d'identité visuelle et réciproquement, un logo n'a de sens que s'il est décliné dans un système d'identité visuelle plus global.

Le logo est à la fois un héritage des plus anciens signes d'identification, comme les signes héraldiques, mais il est également particulièrement adapté aux sociétés contemporaines, car en un condensé de signes rapidement reconnaissables, il véhicule du sens, des valeurs, un mythe.

Le logo, en tant que signe, est nécessairement constitué d'une partie matérielle, le « signifiant », l'aspect physique du signe, sa forme, sa couleur... et d'une partie conceptuelle, le « signifié », ce à quoi le signe renvoie, ce qu'il représente.

Les éléments habituellement présents dans un logo sont :

– un nom qui identifie l'entreprise ;

– un emblème, un symbole graphique qui représente les valeurs de l'entreprise et permet de la reconnaître immédiatement ;

– un code couleur, connotant les valeurs et les traits identitaires de l'entreprise, un code graphique et une typographie particulière ;

– un style, reflet d'une époque, d'une culture.

Il existe plusieurs méthodes de mesure de l'impact des logos (Heilbrunn) :

– les études **de reconnaissance** : évaluent la distinction et la spécificité du logo par rapport aux concurrents du même secteur ;

– les études **d'attribution** : mesurent l'attribution du logo à l'entreprise (en masquant celle-ci par exemple) ;

– les études **de mémorisation** : évaluent dans quelle mesure les individus se rappellent des caractéristiques du logo ;

– les études **d'associations :** étudient les différentes associations d'idées générées par le logo, les différentes réalités qu'il évoque ;

– les études **d'agrément** : mesurent le degré d'appréciation du logo par les destinataires.

Notons que le « Bibendum » de Michelin, créé par O'galop en 1898, a été élu meilleur logo publicitaire du siècle en 2000.

• **Le design d'environnement**

Le design d'environnement renvoie à l'aménagement et à la signalisation dans les espaces de travail, les lieux de vente, les locaux de l'entreprise.

Le design d'environnement est donc plus particulièrement du registre de l'architecture et de l'aménagement d'intérieur. Il concerne les locaux de travail mais également les lieux d'accueil et de rencontres avec le public (architecture extérieure, parkings, halls d'entrée, bureaux, signalétique, espaces d'accueil, décoration intérieure, etc.).

Le design d'environnement comporte également deux aspects : *une dimension fonctionnelle* : une organisation optimale du travail et des interactions, entre membres du personnel et avec les clients, un respect des règles d'hygiène, de sécurité, etc., et une *dimension communicationnelle :* une manifestation visuelle et spatiale de la culture d'entreprise (ex. : des bureaux en *open-space* ou des portes closes ne traduisent pas la même culture), de son identité, de la conception de la relation-client…

2. L'identité sonore

Cette tendance est de plus en plus adoptée par les entreprises, utilisant un *jingle*, une signature sonore, une voix spécifique dans les annonces, les musiques d'attente ou d'ambiance.

Si cette technique est logiquement présente dans les entreprises audiovisuelles (chaînes de télé, stations de radio), elle est également utilisée par d'autres types d'organisations, comme les entreprises de transport public par exemple, comme marque identitaire.

Cette signature sonore participe du même souci d'imprimer l'entreprise dans les esprits et l'imaginaire de ses publics, qu'elle leur devienne familière et fasse partie de leur vie quotidienne.

Ce type de démarche se retrouve dans le « marketing sensoriel » qui vise à marquer les cinq sens du consommateur à travers le produit ou les lieux de vente.

On pourrait parler ici d'une « identité sensorielle » de l'entreprise, où il s'agit d'immerger les publics dans un univers et un imaginaire particuliers (les magasins comme « Nature et Découvertes » utilisent par exemple largement cette technique).

IV. LA PUBLICITÉ INSTITUTIONNELLE

1. Définition

La publicité corporate ou publicité institutionnelle est un outil privilégié de la communication corporate et les deux termes se confondent d'ailleurs souvent.

Cet amalgame s'explique notamment par le fait que la publicité corporate ait été historiquement la première forme de communication mettant en avant l'entreprise.

La première publicité corporate est attribuée à Ford, en 1928, avec sa campagne « Lift up your eyes », qui a participé à la popularisation de l'aviation commerciale.

Bien que la publicité représente une technique privilégiée de la communication corporate, les deux champs ne doivent pas être confondus. La publicité corporate ou institutionnelle a également comme enjeu la construction et la gestion de l'image de l'entreprise. Cependant, l'image et la réputation d'une entreprise ne se bâtissent pas sur la seule publicité.

La publicité renvoie plus généralement à la diffusion d'idées, de messages, d'informations destinés à promouvoir une entreprise, un produit, une institution ou une cause auprès du plus grand nombre.

Les avis convergent ainsi pour désigner sous le terme de « publicité » les messages pour lesquels les annonceurs paient un espace média. La publicité se distingue ainsi des techniques de communication hors média (marketing direct, relations presse, etc.).

La publicité, par définition, « rend public », et par son recours aux grands médias, elle permet à l'entreprise de toucher le grand public (ou des publics plus ciblés, selon les médias et les supports).

Elle a l'avantage d'offrir à l'entreprise un espace d'expression à forte visibilité, pour parler d'elle-même, dans les termes qui lui conviennent. L'entreprise peut s'exprimer avec créativité, affirmer son identité, traduire son positionnement (identité, vision, mission, valeurs) à partir d'un concept unique. La publicité corporate montre l'entreprise telle qu'elle veut qu'on la voie.

La France représentait le sixième marché publicitaire médias en 2008[1], avec des recettes publicitaires nettes s'élevant à 10015 m€.

Tableau 6.1 – Recettes nettes médias (en M€ nets) en 2008

USA	96319
Japon	27066
Allemagne	13634
Chine	13295
Royaume-Uni	10921
France	10015
Italie	9651
Russie	6991
Espagne	6695
Inde	3652
Total 10 pays	198239

Source : UDA, Chiffres clés des annonceurs 2009.

2. Publicité commerciale et publicité institutionnelle

La publicité institutionnelle ou corporate se distingue de la publicité commerciale par son objet qui est l'entreprise en tant qu'institution.

Elle n'a pas pour mission de vendre des produits, mais bien d'affirmer les valeurs de l'entreprise, sa mission et sa vision.

1. UDA, Chiffres clés des annonceurs 2009.

La publicité corporate permet à l'entreprise de se positionner dans les grands enjeux contemporains et les préoccupations sociétales.

La publicité corporate est transversale aux différentes publicités commerciales, elle doit émettre un message cohérent, apporter une valeur ajoutée institutionnelle, sans s'y substituer.

Différents objectifs sont assignés à la publicité institutionnelle (Brochand et Lendrevie) :

– Favoriser l'insertion de l'entreprise dans son environnement : la publicité est un moyen de répondre aux questions et exigences des parties prenantes sur la responsabilité sociale de l'entreprise, en démontrant son engagement.

– Être un outil du « marketing amont » : la publicité peut ouvrir la voie à d'autres actions stratégiques de communication (ex. : donner une image favorable en vue de contrer une OPA ou pour une campagne de recrutement).

– Assurer la cohésion de l'image des différentes activités de l'entreprise : la publicité corporate sert d'« ombrelle » permettant de fédérer les différentes publicités de l'entreprise et d'unifier son image.

– Servir à la communication interne : la publicité peut viser le personnel interne et développer son sentiment d'appartenance.

– Avoir un objectif commercial, à court et moyen terme : la publicité sur le producteur peut servir à la distinction et à la différenciation des produits sur un marché concurrentiel.

Hébert[1] souligne trois enjeux de la publicité institutionnelle :

– Faire connaître l'entreprise : la faire exister dans l'esprit de ses publics, la sortir de l'anonymat, assurer sa notoriété.

– Gagner la confiance de l'opinion : sortir de l'ère du soupçon et d'une position défensive, susciter l'envie, générer le dynamisme, gagner en crédibilité et en légitimité.

– Tirer l'entreprise d'un mauvais pas : prévenir ou faire face à une crise d'image, à un retournement de l'opinion publique.

La publicité corporate est donc une technique partageant les méthodes et les outils de la publicité commerciale mais ayant sa propre vision, ses propres codes et ses propres objectifs.

Elle est également une technique transversale, pouvant accompagner, faciliter d'autres actions stratégiques de communication, désirant à un moment, impliquer le regard du grand public.

Bien qu'il soit difficile d'établir un lien direct entre une publicité et l'image de l'entreprise, il existe des méthodes d'évaluation de

1. Hébert N., *L'entreprise et son image*, Dunod, 1987.

l'impact publicitaire. Celles-ci peuvent se faire avant le lancement de la campagne, en pré-test ou après sa diffusion, en post-test (Adary et Volatier, 2008). Ces études, basées sur des enquêtes qualitatives et quantitatives, permettent de mesurer le degré de compréhension du message, son degré de mémorisation ainsi que son attribution à l'entreprise ou à la marque.

V. LES RELATIONS PRESSE

Les relations presse ou relations médias désignent les relations avec les médias en général, qu'il s'agisse de presse écrite, médias audiovisuels ou de journaux en ligne. Le terme de « relations presse » est néanmoins plus couramment utilisé.

L'enjeu pour l'entreprise et ses porte-parole est de gérer la communication avec les médias, d'établir des relations harmonieuses et une collaboration fructueuse et de devenir un interlocuteur fiable et légitime pour les journalistes.

Les médias ont en effet un statut particulier pour la communication d'organisation. Ils sont à la fois des parties prenantes et des amplificateurs des informations, des relais et des leaders d'opinion.

Tableau 6.2 – Les investissements médias des annonceurs en 2009

	En M€	Parts de marché
Télévision	3660	12, 3 %
Presse	3547	11,9 %
Publicité extérieure	1290	4, 3 %
Internet	1179	4 %
Radio	839	2,8 %
Cinéma	117	0,4 %

Source : Irep – France Pub.

En France, la télévision a recueilli 3,660 milliards d'euros des investissements médias des annonceurs en 2009[1].

La presse, a recueilli 3,547 milliards, perdant sa première place des années précédentes.

La politique de relations presse fait en général l'objet d'un programme précis, élaboré en début d'année par les entreprises, en concordance avec leurs objectifs généraux et de communication.

1. Irep – France Pub.

Il s'agit donc d'une politique stratégique, nécessitant la détermination d'objectifs précis, une délimitation des publics, un plan média rigoureux ciblant les médias pertinents pour relayer l'information, ainsi qu'une évaluation des opérations *a posteriori*.

L'analyse des retombées médiatiques, de la couverture dont fait l'objet l'entreprise permet de mesurer l'impact des actions de relations presse.

À partir d'une revue de presse, une grille d'analyse sera élaborée, comportant des indicateurs quantitatifs (informations structurelles : famille de presse, audience du support, date) et des indicateurs qualitatifs (informations de contenu, tonalité, vocabulaire, verbatims, champs lexicaux) (Adary et Volatier, 2008).

Une analyse transversale, sur base de la couverture médiatique pendant une période plus longue, donnera des indications sur l'image médiatique de l'entreprise.

1. Médias, opinion et réputation

Les médias ont une fonction d'amplification de la diffusion d'une information et de son impact sur la réputation de l'entreprise. Une information, bonne ou mauvaise, verra ainsi son effet sur l'image ou la réputation décuplée, par sa médiatisation.

Les médias peuvent également orienter les perceptions des parties prenantes et donc leur opinion sur l'entreprise.

La théorie de l'*agenda-setting*, développée par Shaw et McCombs en 1972, est souvent prise comme cadre de référence pour expliquer cette influence des médias.

Comme son nom l'indique, cette théorie souligne que les médias mettent « à l'agenda », à l'ordre du jour, les sujets qui feront l'actualité et seront perçus comme importants pour l'opinion publique. Ses auteurs se basent sur l'assertion selon laquelle les médias ne nous disent pas ce qu'il faut penser (*what to think*), mais à quoi il faut penser (*what to think about*). Les médias établissent ainsi une hiérarchie dans les thèmes sur lesquels attirer l'attention du public.

Une entreprise régulièrement visible dans les médias paraîtra ainsi familière aux publics et verra sa notoriété croître.

Par ailleurs, une entreprise prise comme interlocuteur par les journalistes sur un secteur ou un thème apparaîtra comme un acteur disposant d'une légitimité importante pour cette problématique particulière. Au contraire, l'association à des sujets défavorables peut être préjudiciable pour l'image de l'entreprise.

Ainsi, l'organisation veillera, dans ses communications, à s'inscrire dans « l'air du temps », dans les thèmes qui font sens, et dans les valeurs consensuelles de base, pour que son actualité ait une résonance dans l'agenda médiatique et fasse l'actualité. Ceci apparaîtra en outre, beaucoup plus légitime que toute campagne de publicité.

Avant celle de l'agenda-setting, la théorie du *two-step flow* développée par Katz et Lazarsfeld a mis en évidence le rôle des leaders d'opinion, relativisant l'impact des médias. Selon leur étude, les médias influencent tout d'abord les leaders d'opinion, ayant une certaine légitimité et une autorité ; ces derniers orienteront à leur tour les opinions de leurs cercles d'appartenance. L'influence des médias n'est donc pas directe, elle est relative, filtrée par les groupes sociaux qui les reçoivent.

Pour la communication corporate, la vision du *two-step flow* explique l'importance des relais d'opinion et de la communication interpersonnelle dans la formation de l'opinion.

La diffusion d'une nouvelle par les médias ne suffit pas toujours à sa compréhension ou sa réception par les parties prenantes. Ces dernières adhèrent également aux opinions de leur entourage et de leurs groupes d'appartenance.

Le baromètre de la confiance d'Edelman (Edelman Trust Barometer, 2010) montre par exemple que monsieur et madame tout le monde (*a person like me*), sont considérés comme plus dignes de confiance que les dirigeants d'entreprise, les membres des gouvernements ou les employés. Notons que les experts et les analystes figurent en haut du classement. Dans un contexte de crise, leur guidance et leur avis sont considérés comme précieux.

Le journalisme citoyen, à travers les blogs et les réseaux sociaux remet quelque peu le *two-step flow* à l'ordre du jour, tout en le revisitant. En effet, certains contributeurs ont un rôle de leader d'opinion sur Internet, par la popularité de leur blog ou de leur compte Twitter. Les contenus ou les informations publiés *online* par ces « e-influenceurs » peuvent ensuite eux-mêmes alimenter les mass-media, qui les remettront dans le flux général des informations.

2. Les principaux outils de relations presse

- **Le communiqué de presse**

Il annonce une information intéressante et pertinente pour le public, de manière brève (une page), factuelle et objective. Si sa structure obéit à des règles relativement strictes (bien que différentes d'un pays à l'autre), le communiqué peut se démarquer par sa forme originale ou par son mode de livraison, pour se distinguer dans la multitude de documents reçus par les journalistes. Le communiqué peut être sous « embargo », c'est-à-dire qu'il ne peut pas être diffusé avant une certaine date et une certaine heure.

- **Le dossier de presse**

Un dossier reprenant de la documentation, des données supplémentaires, un développement d'informations (communiqués, articles, fiches explicatives...) sur un sujet précis (ex. : en complément des résultats financiers).

Le dossier de presse est délivré en support d'une conférence de presse, pour que les journalistes puissent saisir l'essentiel de l'information annoncée. Il peut être écrit, sur vidéo, sur CD-Rom, ou encore envoyé par email.

- **La conférence de presse**

Une rencontre avec les journalistes organisée pour annoncer une information importante, répondre directement aux questions des journalistes, expliquer et débattre. Des conférences de presse ont également lieu à des périodes fixes, telles que la publication des résultats financiers. Elles peuvent aussi être improvisées pour annoncer ou réagir à un événement particulier (ex. : une crise).

- **L'interview**

Un entretien particulier avec un journaliste, permettant à l'interviewé d'exposer un point de vue personnel et approfondi. Il s'agit également d'un va-et-vient entre les objectifs de l'interviewé (faire passer un message, sur son point de vue, sur la position de l'entreprise...) et ceux du journaliste (venir chercher une information ou une confirmation, investiger un point, apporter des éléments de réponse au lectorat...).

- **Le repas de presse**

Une occasion de rencontre et de contact avec quelques journalistes triés sur le volet, dans un contexte convivial.

- **Le voyage de presse**

Les journalistes sont invités à accompagner une délégation ou une mission. Par ailleurs, un dirigeant d'entreprise peut également faire le tour des médias et rencontrer les journalistes importants, lors de changements stratégiques ou quand l'entreprise est peu connue par les médias (ex. : groupes multinationaux).

- **La visite de presse**

Les médias sont conviés à visiter un site de l'entreprise, à assister à une démonstration d'un nouveau produit, etc. Cette opération est strictement réglementée par les codes de déontologie journalistique.

- **Le séminaire de presse**

L'entreprise réunit des journalistes autour d'un thème, d'une problématique particulière.

À ces outils externes de relations presse s'ajoutent des *moyens internes* de suivi de la couverture de l'entreprise par les médias :

- **La revue de presse**

Elle peut être réalisée pour les articles ou reportages consacrés à l'organisation, ou dans lesquels elle est citée (on parlera alors également de « pige » des médias) ; ou porter sur les sujets d'intérêt pour l'organisation dans l'ensemble des médias (ex. : sur l'actualité du secteur). La revue de presse peut être diffusée de manière quotidienne ou hebdomadaire.

- **Le press-book**

Bilan médiatique, sous forme de compilation des articles parus à propos de l'organisation sur un sujet précis. Il permet une évaluation des retombées d'une opération spécifique ou une analyse plus transversale de l'image de l'organisation dans la presse à un moment donné.

À côté des relations avec les journalistes et les médias, la communication corporate se joue également sur le plan du hors-média, dans les occasions de rencontre directe avec les publics.

VI. LE SPONSORING ET LE MÉCÉNAT

Le sponsoring (ou parrainage) et le mécénat consistent en un soutien, financier ou matériel, accordé par une entreprise à des initiatives extérieures à sa sphère d'activités.

Ces deux types d'actions se distinguent par leur mode d'intervention et leur philosophie. Le sponsoring est une opération commerciale, apportant un retour sur investissement à l'entreprise.

Le mécénat se rapporte davantage à un geste philanthropique, appuyant des activités d'intérêt général.

Le mécénat et le sponsoring sont des outils privilégiés de communication corporate car ils donnent l'opportunité à l'entreprise d'être présente dans l'espace public et d'apporter sa contribution à une action ou une cause extérieure.

Ce type d'actions de communication permet à l'entreprise d'avoir une visibilité et d'acquérir une notoriété auprès de publics nouveaux, ou de montrer une autre facette de son identité à ses publics existants.

La véritable différence entre ces deux axes d'intervention réside en fait dans les régimes fiscaux auxquels ils sont soumis, se basant sur le retour et le bénéfice attendus.

1. Le sponsoring ou parrainage

Le *sponsoring* est assimilé à une opération commerciale, faisant l'objet d'un accord contractuel et prévoyant un retour sur investissement. Le parrain fournit une aide financière ou matérielle à une initiative, contre laquelle il gagne de la visibilité à l'occasion d'événements particuliers.

D'un point de vue fiscal, les actions de sponsoring sont ainsi considérées comme des charges ou des dépenses professionnelles et peuvent être déduites comme telles.

Le sport est traditionnellement le domaine privilégié du sponsoring car il permet des retours sur investissement plus directs, étant donné sa grande popularité.

Le sponsoring s'inscrit donc explicitement dans une démarche *win-win*: l'entreprise permet, par son soutien, la réalisation d'événements ou d'actions d'envergure.

En contrepartie elle bénéficie d'une visibilité directe (par l'exposition de son logo, ou par le *naming*, l'événement porte le nom de l'entreprise – ex.: Le Solitaire du Figaro, l'Open Gaz de France...). Elle gagne également en notoriété par le relais médiatique de l'événement et enrichit son image, par l'association de son nom à un événement à connotation positive.

2. Le mécénat

Le mécénat est, quant à lui, conçu comme un soutien sans retour, comme un don. Il consiste à aider et promouvoir des activités non lucratives d'intérêt général, par un soutien financier ou matériel. Étant effectué dans un but désintéressé, le mécénat ne suppose pas de contrepartie directe.

Ceci tient à l'origine même du mot «mécène», qui provient du latin *mæcenas*, du nom d'un ministre d'Auguste, Caius Cilnius Mæcenas, qui consacra sa fortune à la promotion des lettres et des arts.

L'objectif du mécénat est d'incarner la marque institutionnelle de l'entreprise et de montrer son implication dans le tissu socioculturel. Le soutien va donc davantage vers des initiatives non-commerciales et se fait plus discret, voire anonyme. Les domaines habituels du mécénat sont la culture et les arts, mais d'autres champs sont en forte progression, tels que la solidarité, l'environnement ou encore la recherche (source : Admical).

Il permet la rencontre de mondes différents, et affirme l'intérêt de l'entreprise pour des questions extérieures à son activité habituelle, mais d'intérêt public.

Il existe différentes formes de mécénat, pouvant être présentes simultanément dans un même projet : un soutien financier, un mécénat de compétences (une mise à disposition de personnel volontaire pendant leur temps de travail) ou un mécénat en nature (un appui logistique, technologique).

Le mécénat est déductible fiscalement dans la plupart des pays européens mais avec des limites sur les bénéficiaires agréés et sur le montant maximum accordé. Certains pays, comme la France, encouragent le mécénat notamment par la loi Aillagon d'incitation fiscale du 1er août 2003.

Le mécénat peut être exercé par le biais des fondations d'entreprise (souvent réunies dans des associations ou des centres de fondations, comme le « Centre Européen des Fondations »), ou directement par l'entreprise elle-même.

Les opérations de mécénat et de parrainage ont représenté respectivement 332 millions et 768 millions des investissements hors médias des annonceurs français en 2009 (source : Irep-France Pub).

La fiscalité a ainsi introduit une polarité, dans le mécénat et le sponsoring, entre les soutiens avec retour attendu et sans retour, dichotomie qui n'est pas forcément opératoire dans les activités concrètes.

Le mécénat peut en effet offrir des bénéfices, des retours indirects à l'entreprise.

L'entreprise peut également souhaiter une certaine visibilité en soutenant des activités non lucratives.

Tableau 6.3 – Les investissements hors médias des annonceurs en 2009

	En M€	Parts de marché
Annuaires	1 259	4,2 %
Marketing direct	9 027	30,3 %
Promotion	4 683	15,7 %
Salons – foires	1 439	4,8 %
Parrainage	768	2,6 %
Mécénat	332	1,1 %
Relations publiques	1 659	5,6 %

Source : Irep – France Pub.

Remarquons enfin que les démarches de mécénat sont parfois reprises dans la politique de RSE des entreprises. Ces deux logiques sont liées par leur contribution à l'intérêt général. La nuance est cependant à souligner : les démarches de RSE sont entendues comme étant intégrées dans le fonctionnement et dans les activités de l'entreprise, tandis que le mécénat relève d'initiatives extérieures.

Bien que l'impact de ces actions sur l'image d'une entreprise soit difficilement mesurable, elles servent la communication corporate à plusieurs égards :

– Elles apportent une visibilité (évidente ou plus discrète) à l'entreprise, et une certaine notoriété. Selon la nature des actions, elles peuvent en effet toucher le grand public ou une catégorie particulière de public visé.

– Agissant sur le moyen et le long terme, elles rencontrent la logique de permanence et de cohérence, nécessaire à la construction de l'image et de la réputation.

– En interne, elles favorisent l'identification, l'adhésion et la fédération du personnel, notamment par la mobilisation (mécénat de compétence, congé solidaire…), par la participation aux comités de sélection des projets, etc.

– Elles servent également l'image de l'entreprise, par des associations valorisantes. Elles enrichissent son image globale et sa réputation, en concrétisant son discours institutionnel par des initiatives et des actions réelles. L'entreprise acquiert ainsi un rayonnement en dehors de ses activités de production. En outre, une image déficiente peut être réorientée par un soutien à des initiatives d'intérêt public.

– Enfin, ces partenariats servent les objectifs relationnels de l'entreprise, en créant des occasions de rencontres, de dialogue et d'interactions avec les publics dans un contexte nouveau.

VII. LA COMMUNICATION ÉVÉNEMENTIELLE

La communication événementielle désigne la création ou l'utilisation d'un événement par une entreprise pour contribuer à l'atteinte de ses objectifs.

L'événement est pris ici dans le sens d'un fait circonscrit dans l'espace et dans le temps, organisé et planifié par un individu ou un groupe, axé sur un groupe cible défini, dans un but bien déterminé (Verhaar).

La communication par l'événement se caractérise donc par son caractère exceptionnel, hors de la routine quotidienne, et par un impact recherché (émotionnel, cognitif, intellectuel, affectif…)

auprès des publics définis. Il ne s'agit, néanmoins, pas d'une fin en soi, mais plutôt d'un outil transversal, complémentaire aux autres actions de communication.

Ces caractéristiques en font un outil privilégié de la communication corporate et les événements corporate représentaient 6 % des événements organisés par les entreprises en 2009[1].

Certains auteurs assimilent le sponsoring et le mécénat à des opérations de communication événementielle.

Ce point de vue n'est pas partagé par tous, les actions de sponsoring et de mécénat étant souvent définis comme des techniques à part, ayant des objectifs spécifiques.

Néanmoins, la communication événementielle partage avec le sponsoring et le mécénat le fait de rencontrer les parties prenantes dans un cadre inhabituel, de miser sur le contact direct, hors-média, de rassembler les publics autour d'un événement particulier (que l'entreprise crée ou auquel elle s'associe).

L'organisation d'un événement peut remplir de nombreux objectifs :

- informer ou former les participants ;
- fédérer et motiver le personnel ;
- créer une occasion de rencontres et d'échanges ;
- développer une communauté, un réseau ;
- améliorer les relations avec certains publics ;
- améliorer l'image et affirmer le prestige de l'entreprise.

Le point essentiel est que l'organisation d'événements est un moyen intégré dans une stratégie globale, avec laquelle elle doit être cohérente, dans sa conceptualisation, ses publics, sa mise en œuvre.

L'organisation d'événements marque les grandes étapes, le rythme temporel de l'organisation. Elle permet également d'impliquer les parties prenantes, de les faire participer et échanger, de les fédérer autour de l'entreprise.

Différents critères d'évaluation peuvent donner des indications sur l'efficacité d'un événement : *l'audience directe* (le taux de participation, le nombre d'invités, etc.), *l'audience globale* (selon la médiatisation de l'événement) ou des mesures plus sophistiquées, se basant sur des *enquêtes qualitatives et quantitatives* et évaluant les variations de la notoriété de l'entreprise (ex. : selon les retombées médias) ou l'évolution de son image.

1. Etude Anaé – Bedouk, « Le marché des Agences de communication événementielle en France », 2009.

Les différents types d'événements

Les événements peuvent être classés selon les **publics visés**:

- **publics internes:** conventions d'entreprise, séminaires, forums, lancement de produits;
- **publics ciblés:** assemblées générales, colloques, symposiums, stands, salons, expositions;
- **grand public:** événements historiques, culturels, sportifs, animations commerciales, tournées promotionnelles;
- **tous publics:** anniversaires, inaugurations, portes ouvertes, remises de prix.

Une autre typologie, couramment rencontrée, consiste à classer les événements selon **le nombre de participants**: petits événements, événements moyens, grands événements.

Les classifications varient cependant d'un marché à l'autre.

En Belgique, les petits événements comptent jusqu'à 500 visiteurs, les moyens entre 500 et 5000, et les grands plus de 5000. Tandis qu'en France, la classification se fait entre les événements de moins de 50 participants (qui représentaient la majorité des événements créés en France en 2009), de 50 à 200, de 200 à 500 et les grands événements, de plus de 500 participants.

Source: « Communiquer par l'événement », Anaé, 1998.

VIII. LA COMMUNICATION ÉDITORIALE

Customer magazines, brochures de présentation, livres d'entreprise, magazines d'entreprise..., la communication éditoriale mise sur la pérennité de l'écrit dans le flot ininterrompu de messages auquel les publics sont confrontés quotidiennement.

Qu'il soit sur support papier ou électronique, l'écrit offre l'avantage de la permanence, de la durabilité des informations. Il renvoie également à une dimension officielle, formelle, dans le cas de publications obligatoires telles que le rapport annuel.

La dimension écrite permet d'avoir un contenu éditorial de qualité et d'aborder des sujets de réflexion. Par ce moyen, l'entreprise exprime sa position sur des thèmes d'actualité et de société, s'affirmant ainsi comme acteur social. (Par exemple: un fournisseur d'énergie peut se positionner comme un partenaire énergétique pour ses clients, en donnant des conseils sur les économies d'énergie.)

Elle peut également faire appel à des contenus éditoriaux indépendants afin de gagner en crédibilité.

Les publications périodiques ou la « presse relationnelle » envoyée régulièrement aux clients, partenaires ou employés de l'entreprise, sous forme de magazines ou de newsletters électroniques, remplissent outre un rôle d'information, une fonction de fidélisation de ces lecteurs. Elles renouvellent et entretiennent régulièrement la relation avec l'entreprise.

Les professionnels du secteur mettent en avant que le temps de lecture moyen pour ces magazines est de 25 minutes, contre 30 secondes pour un spot radio ou télé et que les magazines relationnels augmentent la fidélisation de 32 %[1].

D'après ces mêmes sources, le marché des *customer magazines* serait celui avec le potentiel de croissance le plus élevé dans le secteur de la communication, après Internet.

1. Association of Publishing Advertising – APA.

Chapitre 7

Sites corporate, Web 2.0, médias sociaux

Ce chapitre particulier a été consacré aux nouveaux outils que sont Internet et le Web 2.0 car ils appellent des principes et des modes de communication inédits, entre leurs utilisateurs, mais également entre les entreprises et leurs publics. La communication corporate doit ainsi y adopter des stratégies et un positionnement spécifiques.

La maîtrise des outils *online* constitue indéniablement un enjeu fondamental pour les communicateurs. L'apparition du métier de *community manager*, gérant la présence des entreprises sur le Web 2.0, ou encore l'édition de chartes des médias sociaux par les professionnels (ex. : Syntec Conseil en Relations publiques), témoignent de cette professionnalisation croissante.

I. LES SITES CORPORATE

Si l'utilisation du Web 2.0 par les entreprises en est encore à ses prémisses, surtout pour les entreprises européennes, la plupart des firmes sont dotées d'un site corporate ou d'un accès corporate sur le site général.

Le site corporate donne aux entreprises un espace d'exposition permanente des informations institutionnelles. Le site est un outil d'information, une « vitrine institutionnelle », une source officielle pour le public à la recherche de renseignements.

En règle générale, les sites corporate contiennent des informations s'adressant plus particulièrement à quatre types de publics :

– **Les actionnaires et les investisseurs** : les résultats financiers, les assemblées générales, le journal des actionnaires, etc. Certains sites, comme celui de Total, proposent également un aperçu du cours en direct.

– **Les journalistes** : les communiqués de presse, les dossiers de presse, etc.

– **Les demandeurs d'emploi et les jeunes diplômés :** les offres d'emploi, la politique des ressources humaines, etc. Certaines entreprises comme General Motors, proposent également des informations pour les retraités et pensionnés de la société.

– **Le «grand public»**: les actualités, le rapport annuel, l'histoire de l'entreprise, les activités, les produits et services, les missions, la philosophie, les valeurs. Un thème omniprésent actuellement sur les sites corporate est celui du développement durable et de la citoyenneté d'entreprise. Le site corporate de Total propose par exemple un aperçu de la «saga Total», ainsi qu'un dossier spécifique consacré à l'affaire de l'Erika.

– **Les fournisseurs**: la politique de sélection des fournisseurs, les appels d'offres...

Le contenu du site corporate reflète le positionnement voulu et l'identité de l'entreprise. Ainsi, le site corporate de L'Oréal offre des informations scientifiques, affirmant le caractère d'innovation continue voulue par la firme.

En plus d'être une source d'information officielle et permanente, il constitue également un point de contact facile et accessible. Une enquête CRMMetrix – BTCI en 2007 soulignait que le site Web constituait la première source d'informations pour les problématiques corporate, avant les articles de presse.

Cependant, les sites corporate manquent parfois d'interactivité. Il n'est, en effet, pas rare que le site Web soit une simple déclinaison en ligne des brochures de présentation.

Le Web 2.0 va introduire une logique différente, celle d'un dialogue avec les publics.

II. LE WEB 2.0

Selon son inventeur, Tim O'Reilly, le terme de Web 2.0 a été lancé à un moment où l'industrie du Web peinait à attirer les investisseurs, après l'éclatement de la bulle spéculative en 2001.

Les concepteurs de O'Reilly media, à la recherche d'une idée novatrice pour annoncer une conférence, lancèrent celle d'un Internet de deuxième génération, en se basant sur les caractéristiques et les applications communes des sites Web les plus dynamiques à ce moment-là.

Le label «Web 2.0» était ainsi lancé. Il ne tarda pas à se répandre hors de la sphère technico-industrielle pour devenir un véritable phénomène de communication et de société.

Le Web 2.0 désigne donc une tendance dominante des sites Internet à un moment donné. Mais cette tendance technologique reflète également des changements au niveau social et économique. Il s'agit d'un changement processuel et non d'un changement soudain, une *évolution* plus qu'une *révolution*.

Au point de vue technologique, la position centrale occupée par l'utilisateur, (*user-centric*) et la co-création des contenus caractérisent le Web 2.0.

Les sites favorisent la participation et la collaboration des usagers et les échanges entre eux. Le terme de *crowdsourcing* désigne le fait que ce sont les utilisateurs eux-mêmes qui alimentent les sites et assurent leur renouvellement (ex.: les sites de partages de vidéos ou de photos comme Youtube ou flickR).

Au point de vue économique, nous l'avons vu, le terme visait à désigner un regain d'intérêt pour l'industrie du Web, engourdi après l'éclatement de la bulle Internet. Mais cet aspect économique inscrit également le Web 2.0 dans les enjeux de la société de l'information.

Le Web 2.0 se caractérise aussi par l'apparition et le développement des médias sociaux. Les sites, tels que Facebook, Myspace ou Twitter, à vocation communautaire, représentent indéniablement la vague Web 2.0 pour le grand public.

Ces phénomènes de regroupements virtuels, présents depuis l'apparition du Net, ont quitté l'univers des *geeks* et des passionnés pour s'ancrer dans la routine quotidienne de tout un chacun. Les sociologues mettent ce succès en rapport avec une nouvelle condition de l'individu contemporain, qui est celle d'être un « individu relationnel » (Roger Sue), « en réseau » (Manuel Castells) ou « connecté » (Patrice Flichy), à la recherche de nouveaux liens, choisis autour des intérêts propres à chacun.

Le Web 2.0 désigne enfin des applications et des services. D'outil de diffusion d'informations dans le Web 1.0, Internet serait ainsi devenu une plate-forme de services et d'applications.

La plupart des sites 2.0 ouvrent en effet leur plate-forme à des développeurs externes. Facebook ne compte pas moins de 500 000 applications, dont la plupart sont développées en externe, qui font en grande partie sa dynamique.

Les professionnels du secteur soulignent d'ailleurs la part importante jouée par ces dernières dans le développement des outils.

Le succès des sites 2.0 réside enfin dans la convergence des différentes applications existantes. En effet, les différentes possibilités offertes par la plupart des sites de réseautage social (profil personnel, mails, partage de photos ou de vidéos, commentaires…) existaient auparavant mais sur des plate-formes différentes.

III. ENJEUX DU WEB 2.0 POUR LA COMMUNICATION CORPORATE : AUTOUR DE L'E-REPUTATION

Les entreprises ont recours au Web 2.0 pour plusieurs raisons, allant d'une logique *d'image* (démontrer leur ouverture, cibler des publics spécifiques) ou de *vente* (lancer des campagnes de marketing viral), à une démarche de *dialogue* avec les parties prenantes, en passant par une volonté de *veille* de l'opinion publique.

Pour la communication corporate, le Web 2.0 constitue particulièrement une nouvelle donne pour la problématique de l'image et de la réputation.

Selon les données d'Insites Consulting, les réseaux sociaux atteignent à eux seuls 940 millions de personnes dans le monde. Avec les moteurs de recherche, les blogs, les forums, Internet ressemble à vaste océan d'informations, d'opinions, de données de toutes origines dans lequel les publics vont puiser leurs sources, interagir, échanger, diffuser.

Plusieurs caractéristiques de la communication sur Internet, et en particulier sur le Web 2.0, peuvent en effet avoir un effet considérable sur la réputation des entreprises et le concept de *réputation online* ou *e-reputation* a fait son apparition.

Ces nouveaux canaux de communication représentent des terrains importants où se joue la réputation, tant par leurs caractéristiques médiatiques et technologiques, que par la nature des prises de position qui s'y opèrent.

Les entreprises y font face à une évaluation publique, sur leurs comportements ou leurs produits et services, à travers la diffusion massive d'expériences personnelles.

Le dialogue et les commentaires faisant partie intrinsèque de la culture d'Internet, les entreprises deviennent les objets d'une multitude de conversations publiques, sur lesquelles elles n'ont aucun contrôle.

Le fonctionnement en réseau de la communication multiplie également de façon exponentielle les relais d'opinion potentiels. Si des leaders d'opinion existent, prenant la forme de blogueurs influents, d'experts ou de personnalités, chaque utilisateur d'Internet peut diffuser une information, vraie ou fausse, à son réseau.

À cette diffusion massive s'ajoute une rémanence, une mémoire persistante du média, qui permet une accessibilité des informations plusieurs années après les faits. Les crises passées de Kryptonite ou de Dell restent ainsi facilement accessibles en ligne.

Enfin, Internet favorise la formation de publics actifs et permet l'organisation d'actions collectives d'envergure. Mais il donne également naissance à un certain « activisme passif », où l'affiliation à des groupements plus ou moins informels est « à portée de clic ». Dans ce dernier cas, l'effet quantitatif a davantage d'effets sur la réputation que de véritables actions structurées.

Les enjeux du Web 2.0 sur la réputation n'ont, en tous les cas, pas échappé aux entreprises, mais les stratégies adoptées face à cette nouvelle donne restent disparates. La position de veille reste celle qui est largement adopté et les démarches réellement proactives restent encore rares.

Le cas de Domino's Pizza est, par exemple, pris comme un cas de réussite dans ce domaine. L'entreprise, victime de critiques des consommateurs sur la qualité de ses produits sur plusieurs forums de discussion a choisi de les écouter et de les impliquer dans l'amélioration de ses pizzas.

Les premiers baromètres de l'e-reputation ont également fait leur apparition, comme celui de Hopscotch, qui « décortique la réputation en ligne des patrons du CAC 40, vue de l'internaute quand il googlise ces dirigeants ».

Par ailleurs, des études (Wetpaint/Altimeter Group) se proposent de mesurer le degré d'engagement et d'implication des grandes marques sur le Web 2.0, selon le nombre de canaux sur lesquels elles sont présentes mais également de leur degré d'activité sur ces plate-formes.

Elles sont néanmoins à prendre avec distance, les premières marques étant issues du secteur technologique (Dell, Ebay, Google).

IV. DE NOUVEAUX ESPACES ET PLATE-FORMES DE RÉPUTATION

Les médias sociaux (*social media*), permettant de former des réseaux sociaux et des communautés en ligne, représentent de nouveaux enjeux pour la communication corporate. Ce mot désigne également le fait que ce sont les utilisateurs qui font l'outil, en l'alimentant par leurs propres contributions.

Une étude récemment effectuée par Burston Marsteller[1] a mis en évidence que sur les 100 compagnies les plus importantes au niveau mondial, 65 % avaient un compte Twitter, 54 % une page Facebook, 50 % une chaîne Youtube et 23 % un blog corporate.

---

1. Global Social Media Checkout, 2010.

Les usages des médias sociaux par les entreprises varient d'une région à l'autre : Twitter est le plus utilisé en Europe (71 %) et aux États-Unis (72 %), Facebook est également très répandu aux États-Unis (69 %) mais moins en Europe (52 %), tandis que les blogs corporate sont peu utilisés (34 % des entreprises américaines et 25 % des européennes), ils sont par contre très prisés par les entreprises asiatiques (50 %).

Par ailleurs, les responsables de communication européens estiment que si les relations presse sont aujourd'hui l'outil le plus important, elles seront bientôt détrônées par la communication *online* et les médias sociaux[1].

Les réseaux sociaux (et les sites à vocation communautaire en général) offrent aux entreprises un ciblage des publics sur base des informations sur leurs profils, sur leurs goûts et centres d'intérêt, ainsi que ceux de leurs réseaux d'appartenance, amicaux, familiaux, professionnels.

Néanmoins, il y a une forte résistance des utilisateurs des réseaux sociaux pour les discours publicitaires et commerciaux et ces sites peinent à trouver leur modèle économique.

Les relations entre les organisations et leurs publics doivent donc pouvoir se jouer sur d'autres registres.

1. Les blogs

• Définition

Le blog, par sa facilité d'utilisation, son dynamisme et sa gratuité, a marqué l'arrivée du Web 2.0. Par ailleurs, le terme de « blogosphère », désignant dans un premier temps la communauté des blogueurs, est maintenant utilisé pour l'ensemble de l'espace social construit par le Web 2.0.

Le blog est une sorte de journal intime publié sur le Net. Il prend la forme de billets présentés de manière antéchronologique, que les visiteurs peuvent commenter, laissant ainsi la possibilité d'un dialogue avec l'auteur et entre les visiteurs.

Le « blogroll » désigne la communauté des blogueurs à laquelle appartient l'auteur. Il regroupe les liens renvoyant à des blogs traitant des mêmes sujets, des blogs de ses amis, etc.

La technologie RSS (*Really Simple Syndication* ou *Rich Site Summary*) a également été popularisée avec les blogs. Souscrire au fil RSS d'un blog (ou d'un site) permet de recevoir directement et automatiquement les mises à jour et les changements qui y sont effectués.

---

1. European Communication Monitor 2009.

- **Le corporate blogging**

Le *corporate blogging* est un phénomène voyant des patrons et des employés utiliser les blogs pour raconter la réalité quotidienne de leurs entreprises et pour partager leurs pensées, projets, impressions.

D'abord lancée par les patrons et les employés des firmes informatiques elles-mêmes (notamment le très populaire Robert Scoble et son blog en tant qu'employé de Microsoft), la tendance s'est rapidement étendue à tous les secteurs. En France, le blog de Michel Edouard Leclerc a été l'un des premiers à se populariser dans ce domaine.

Des répertoires de ces blogs d'entreprise existent un peu partout sur le Net (ex. : les blogs des Fortune500, répertoriés sur le site *www.businessblogwire.com*).

Plusieurs types de blogs corporate existent :

– **Les blogs personnels** : où le blogueur parle en son propre nom (en règle générale, le blogueur dévoile son identité réelle, même si l'utilisation de pseudonymes existe). Cela peut être un blog « officiel », reconnu voire hébergé par l'entreprise ou un blog « officieux », où l'employé s'exprime librement.

– **Les blogs corporate** : plusieurs représentants de l'organisation s'expriment et répondent aux commentaires et questions.

– **Les blogs sectoriels** : plusieurs compagnies du même secteur tiennent un blog sur un même sujet.

Selon les études[1], plusieurs raisons expliquent cet engouement :

- publier des informations et des idées ;
- bâtir une communauté ;
- promouvoir des opinions ;
- diffuser l'information rapidement vers les consommateurs ;
- recevoir le feedback des consommateurs.

Cette nouvelle forme de communication a marqué un tournant pour la communication corporate, à plusieurs titres.

La réputation et l'image de l'entreprise se jouent à travers ces conversations *online*, qui représentent aussi bien des occasions de contacts avec l'entreprise et ses porte-parole, que des circuits de propagation des rumeurs. Les blogueurs s'exprimant en général sous leur vraie identité, les règles de transparence, de ton personnel

1. Backbone Media 2005 Survey.

et de dialogue ouvert prévalent. Les avis négatifs sur l'entreprise, émanant d'employés eux-mêmes, mais diffusés publiquement, peuvent ainsi mettre à mal toute une politique d'image.

L'identité corporate peut être mise à l'épreuve par la divulgation d'informations internes, en particulier si les points de vue des employés blogueurs vont à l'encontre des valeurs prônées par l'entreprise.

Les blogs ont également rendu poreuses les frontières entre communication interne et externe, entre vie privée et vie professionnelle, entre professionnels et non-professionnels de la communication. La coordination exercée habituellement par la communication corporate sur les messages émis par l'organisation devient vite problématique.

Les blogs ont instauré le mode conversationnel comme mode de communication. L'intérêt principal du blog est l'échange direct qu'il permet entre les blogueurs et les publics.

Ceux-ci peuvent prendre connaissance des informations sur «l'envers du décor» de l'entreprise, connaître ses employés, suivre les réflexions des patrons, etc. Certaines entreprises mettent également les publics à contribution en leur demandant directement de se prononcer sur un produit.

2. Le micro-blogging

• Définition

Popularisée par Twitter, la dernière tendance du «micro-blogging» permet à chacun de publier des informations, de partager ses pensées, ses impressions, à tout moment et à partir de son téléphone portable. Ces sites fonctionnent sur une logique de «flux» permanents. La diffusion en temps réel d'informations est appelée le *live-blogging*.

Le principe est assez similaire au blog, il s'agit de communiquer avec les lecteurs de sa «communauté», mais le nombre de caractères est limité (à 140 caractères dans le cas de Twitter), d'où le nom de micro-blogging.

L'intérêt est également dans le fait d'être suivi par une communauté d'abonnés (*followers*), recevant instantanément les informations.

Ces derniers rediffuseront (*re-tweet*) à leur tour les informations qu'ils jugent les plus intéressantes à leurs réseaux.

La force de frappe et la portée d'une information résident donc essentiellement dans sa reprise par les membres d'un réseau et sa rediffusion de manière exponentielle.

- **La communication corporate sur Twitter**

Les sites de micro-blogging sont récents et les applications pour la communication corporate sont encore assez sommaires.

Ils permettent d'informer instantanément les publics des actualités de l'entreprise ou de partager des idées. Il s'agit *a priori* de personnes intéressées, car ayant fait la démarche de s'inscrire dans la communauté. En effet, sur Twitter, les *followers* ne doivent pas recevoir une autorisation de ceux qu'ils suivent, contrairement à d'autres sites comme Facebook. Offrant une réactivité beaucoup plus grande que sur le site corporate, la page Twitter peut également générer du trafic sur celui-ci.

Mais ces sites permettent également de « suivre » les membres les plus influents. En effet, des individus avec un réseau important et des *re-tweets* fréquents font réellement figure de « leaders d'opinion ». Il est ainsi précieux de pouvoir suivre leurs informations, plus particulièrement celles concernant l'entreprise, et d'échanger avec eux.

Ces leaders d'opinion constituent eux-mêmes des abonnés précieux, car pouvant répercuter des informations à tout leur réseau.

En outre, une démarche de veille sur ces réseaux permet de déceler et d'analyser les tendances, voire de sonder les opinions. Un usager ou un client déçu peut en effet « tweeter » à ce sujet. Une position d'écoute offre des données intéressantes sur les informations (vraies ou fausses) qui y circulent à propos de l'organisation.

Il est ainsi possible de détecter une rumeur et y apporter une réponse appropriée assez rapidement. Le risque le plus grand pour la réputation et l'image des entreprises y est en effet la propagation instantanée d'informations, vraies ou fausses.

La convergence toujours plus grande entre la téléphonie mobile et Internet combine la communication en « temps réel » avec la mémoire d'Internet.

Les rumeurs peuvent ainsi être rediffusées massivement et instantanément, mais elles peuvent également être retrouvées.

Néanmoins, s'ils sont utilisés de manière optimale, ces sites permettent d'entretenir une relation assez constante avec les publics. Ils répondent à cette démarche combinée de diffusion et d'écoute que la communication corporate doit adopter.

Toyota a ainsi lancé un compte Twitter (toyotaconversations.com) spécialement pour gérer la communication de crise lors des rappels de véhicule de 2010.

35 % des entreprises classées dans le « Fortune 500 » étaient actives sur Twitter en 2009 (selon une étude de la Society for

New Communications Research) et l'existence de répertoires des entreprises qui y sont présentes (sur des sites tels que twibs.com) confirme cette importance grandissante.

Les personnalités médiatiques, tels que Oprah Winfrey (plus de 3 millions de *followers*), les médias tels que CNN (2,9 millions) ou le *NY Times* (2,3 millions) tiennent le haut du pavé, avec Twitter lui-même (3 millions).

3. Les réseaux sociaux

• Définition

Apparus autour de 1997, les sites de réseautage social sont une catégorie de sites Web « permettant de construire un profil public ou semi-public dans un système délimité, d'établir une liste avec d'autres utilisateurs avec lesquels on partage une relation ; et de regarder ou de parcourir ses listes de connections et celles des autres utilisateurs dans le système », selon la définition de Boyd et Ellison.

L'intérêt principal de ces sites est de rendre visibles les réseaux de connaissance latents, de les rassembler en un seul lieu, de permettre le croisement avec les réseaux des autres « amis », mais également de voir l'évolution de son réseau personnel jour après jour, au gré des mises à jour de chaque « ami ».

Les sites de réseaux sociaux comme Facebook connaissent aujourd'hui une popularité impressionnante, mais les communautés virtuelles existent depuis la naissance du Web.

Les premières communautés virtuelles sont apparues dans les années 1980 (l'un des pionniers étant le célèbre WELL, popularisé par l'ouvrage de Barry Wellman, l'un de ses membres). Leur projet était d'abolir les distances géographiques et sociales et de mettre en contact des personnes partageant des intérêts, des objectifs, ou des pratiques.

La principale différence entre ces premières communautés virtuelles et les réseaux sociaux actuels est le fait que les communautés rassemblent des personnes qui ne se connaissent pas *a priori* mais qui partagent un intérêt commun.

L'identité réelle des membres n'est pas le critère principal. Le plus important est de faire vivre la communauté, par les contributions des participants.

Sur les réseaux sociaux comme Facebook, Viadeo ou LinkedIn, les contacts se nouent, en général, suite à une rencontre ou un lien préalable. Afficher son identité véritable et des informations réelles est donc primordial pour se construire un réseau.

Il s'agit avant tout de se bâtir un réseau personnel ou professionnel, autour de la personnalité de chacun.

- **La communication corporate sur Facebook**

Nous prendrons ici l'exemple de Facebook, le plus populaire des réseaux sociaux, comptant à ce jour 400 millions d'utilisateurs actifs à ce jour.

Facebook décrit sa mission comme étant de « donner aux gens le pouvoir de partager et de rendre le monde plus ouvert et plus connecté ».

Facebook est un outil intéressant pour la communication corporate, en étant inséré dans les pratiques quotidiennes des internautes. La convergence avec les téléphones portables a encore accru cette tendance.

Il a ainsi été établi que la moitié des utilisateurs actifs sur Facebook y allaient au moins une fois par jour. Par le biais de sa présence sur les réseaux sociaux, l'organisation figure dans les réseaux des publics et dans leur paysage quotidien, au même titre que leurs amis, collègues, famille.

Le site offre également des possibilités d'information et d'interaction. Il permet de se tenir constamment informé des nouvelles que les « amis » et connections y diffusent, tout en donnant des possibilités d'interaction, par des commentaires, des listes de discussion, etc. Une organisation peut ainsi y publier des informations, et converser directement et ouvertement avec les personnes qui donneront leur feedback. Elle peut également suivre les informations émises par les utilisateurs, et déceler les tendances, favorables ou hostiles.

Une présence corporate sur Facebook peut prendre plusieurs formes :

– **La création d'un réseau par l'entreprise**

Une entreprise utilise les solutions et applications proposées par le site, pour créer son propre réseau, à partir des « pages sponsorisées » ou *fan pages* ou par la création de groupes.

L'organisation devient le support, « la raison d'être » du réseau, et chaque individu informera ses réseaux d'appartenance et ses « amis » de son affiliation à ce groupe.

Cette pratique, semblable à celle du marketing tribal, met en place une relation triangulaire entre l'entreprise, l'individu et la communauté ou le réseau. Elle offre l'avantage de réunir les publics intéressés par l'organisation (qui, par un clic, deviennent ainsi « fans ») sur une même plate-forme, et de les identifier individuellement.

De nombreux sites offrent actuellement l'application « Facebook Connect », symbolisée par *join us on Facebook* ou « rejoignez-nous sur Facebook » pour alimenter le réseau de l'entreprise.

– **La création de groupes par les publics**

Même si le nombre d'entreprises présentes sur Facebook est en augmentation constante, cette deuxième solution est celle qu'on rencontre le plus souvent.

Dans ce cas-ci, les publics utilisent le nom (et parfois le logo) de l'entreprise pour créer un réseau. Il peut s'agir d'un groupe de membres actuels ou anciens, d'un groupe de fans ou au contraire d'opposition à l'entreprise ou à ses pratiques.

L'objectif et la portée de ces groupes sont très variables. Certains ne dépassent pas la centaine de membres et sont rapidement perdus dans les méandres du site, tandis que d'autres traduisent leur projet en actions réelles.

En tous les cas, l'utilisation de l'identité de l'organisation par ces groupes est une donnée importante pour la gestion de son image, et appelle une attention particulière de la part de la communication corporate.

4. Les autres outils

• Les sites de partages de vidéos ou de photos

Le site le plus populaire en matière de partage de vidéos est Youtube avec 98,1 millions de visiteurs uniques par mois aux États-Unis[1].

Le français Dailymotion a également une présence importante sur ce créneau en comptant 10 millions de visiteurs par mois. Il se présente comme un site qui « vous permet de redécouvrir le monde en regardant, partageant et publiant des vidéos en ligne. Vous pouvez trouver, ou envoyer, des vidéos de votre intérêt, suivre l'actualité comme ceux qui la vivent, ou tout le reste du plus commun au plus spectaculaire ».

Ces sites offrent aux annonceurs la possibilité de diffuser des campagnes publicitaires ou des clips de promotion. Les employés d'une entreprise peuvent également se mettre en scène, à travers un *lipdub*, un clip d'entreprise où ils dévoilent leur entreprise sous un aspect ludique en se filmant dans leur milieu professionnel, sur une chanson en playback.

1. Sur le mois de juillet 2009, chiffres ComScore Media Metrix.

Les entreprises et les marques peuvent également avoir leur propre « chaîne », regroupant leurs différentes vidéos, à laquelle les visiteurs peuvent s'abonner.

Des entreprises telles que BMW ou Air France, mais également des institutions comme la Commission européenne ont ainsi leur chaîne Youtube « officielle ».

Le principal intérêt de ces sites réside dans leur force « virale » et la facilité et la rapidité de diffusion des vidéos, pouvant créer un « buzz » sur le Net.

Chaque vidéo est en effet potentiellement diffusable par chaque visiteur à tout son réseau.

Ils permettent également d'avoir accès aux réactions et commentaires des internautes et d'y répondre.

Le buzz créé peut cependant être positif ou négatif et des vidéos compromettantes pour la réputation des marques et des entreprises sont régulièrement postées sur Youtube ou Dailymotion.

- **Les podcasts**

Le *podcasting* est un moyen de diffusion de fichiers (audio, vidéo) permettant le téléchargement, l'écoute ou le visionnage de ces fichiers au moment choisi par l'utilisateur et sur le support de son choix (PC, lecteur MP3...).

Sur le modèle des fils RSS, le podcasting offre la possibilité de transférer directement des contenus sur le Web sans passer par le site d'origine.

Mettre des fichiers audios ou vidéos (ex. : des conférences de presse ou des publicités institutionnelles) en podcasting (ex. : sur le site corporate) les rend ainsi accessibles à tout moment et directement au public sans passer par l'intermédiaire de la presse ou des supports publicitaires.

- **Les wikis**

Un wiki est un site web collaboratif, alimenté par la contribution de plusieurs auteurs. Le wiki le plus connu et le plus consulté est l'encyclopédie libre Wikipedia.

Les wikis d'entreprise (*corporate wikis*) sont des outils de travail collectif, principalement développés pour un usage en interne. Ils permettent une meilleure gestion des connaissances à travers la centralisation des différentes contributions sur un document ou un fichier.

Le principe soutenant le développement des wikis est celui de la mise à jour d'une « intelligence collective ».

- **Les mondes virtuels**

Le monde virtuel le plus connu est certainement « Second Life », permettant aux utilisateurs « résidents » de se créer des avatars, des doubles virtuels et de naviguer dans cet univers virtuel parallèle.

Entre le jeu vidéo et le réseau social, le succès de Second Life réside dans la diversité des possibilités offertes. On peut y faire des rencontres, rejoindre des communautés d'intérêt, organiser des événements, mais également organiser des réunions, faire des achats ou ouvrir son entreprise et participer à l'« économie virtuelle » qui s'est mise en place sur Second Life. Le site a en effet lancé sa propre monnaie, les Linden dollars.

Si des institutions y sont présentes, Second Life est surtout investi par les acteurs du marketing, qui peuvent y expérimenter leurs produits, effectuer des pré-tests et avoir une proximité plus grande avec les consommateurs.

V. LES PRINCIPES DE LA COMMUNICATION CORPORATE SUR LE WEB 2.0

Comme nous l'avons vu, les outils du Web 2.0 ne peuvent pas être considérés comme des outils publicitaires, à disposition des entreprises. Ils sont régis par certains principes précis que la communication corporate doit respecter afin de s'assurer une présence optimale sur ces plate-formes.

Le Web 2.0 ne se réduit pas à des outils supplémentaires, ou à des campagnes adressées à des niches particulières de marché. Il s'agit d'une philosophie d'usage des médias, des rapports nouveaux à l'information et à la communication. Une organisation intégrant les médias sociaux dans sa stratégie de communication ne doit donc pas se limiter à une logique d'image ou de réputation, mais réellement d'identité. Car adopter une posture d'écoute, de dialogue, de partage de contrôle sur les informations relève d'un changement réel de personnalité pour de nombreuses organisations.

Le fondement des sites 2.0 est celui d'une communication entre individus. Un langage formel et institutionnel ne trouvera pas d'écho. Il s'agit donc, pour une organisation, de choisir un ou des porte-parole, des interlocuteurs réels pour les publics.

Le Web 2.0 suit une logique d'échange et de participation, et non une logique de diffusion. L'organisation devra donc être dans une position d'ouverture et non de contrôle, et faire participer les publics, les faire réagir, qu'ils aient des avis favorables ou critiques et surtout répondre aux commentaires, questions, avis, qui lui seront adressés.

Le dialogue ou la conversation ne doivent pas uniquement être envisagés sous l'angle opérationnel, permettant de recueillir des informations utiles sur les consommateurs ou les usagers. Il doit également s'agir d'une fin en soi : gagner la confiance des publics en écoutant leurs préoccupations et questions, et y apporter les réponses adéquates.

Tout comme dans les canaux « traditionnels », l'impact d'un message dépendra de sa pertinence pour les publics auxquels il parvient. Il s'agit donc d'adresser aux membres des réseaux des informations ciblées. Dans le cas de communautés d'intérêt autour d'une organisation, des informations inédites leur seront délivrées en priorité, pour entretenir cette relation privilégiée.

L'adaptation de la communication aux caractéristiques techniques des sites 2.0 est également primordiale.

Les informations doivent ainsi être organisées en fonction du média et du circuit horizontal de transmission qui le caractérise. Les techniques du *buzz marketing*, par exemple, misent sur ces propriétés, en créant des événements qui activeront le « bouche-à-oreille », et lui assureront une publicité rapide.

Mais le Net est aussi la combinaison de la fluidité, l'instantanéité et de la mémoire. Ainsi, si une information ou une rumeur peut être diffusée instantanément sur plusieurs plate-formes, elle peut également y rester accessible pendant plusieurs années.

Ceci est potentiellement dommageable pour l'image et la réputation de l'organisation, et une veille permanente est primordiale. Mais cette possibilité peut également apporter des données intéressantes, pour une analyse à court et moyen terme de la réputation.

Les actions communicationnelles doivent également s'adapter aux caractéristiques sociales du Web 2.0.

Le Web 2.0 est basé sur un principe *user-centric*. L'utilisateur est au centre de l'outil. Les actions mises en place doivent donc impliquer, faire participer l'utilisateur et favoriser l'échange avec lui.

Si l'individu est au centre de la communication, la communauté est en toile de fond. Ces deux traits, individuel et communautaire, caractérisent le paysage social du Web 2.0.

Par ailleurs, chaque individu auquel l'organisation s'adresse a son importance, pour lui-même, mais également pour ses réseaux d'appartenance, car une seule voix peut avoir un impact considérable.

Les piliers de la conversation pour les marques et leurs consommateurs en ligne

Le concept de «conversation» appliqué à la présence des marques en ligne reposerait sur les quatre piliers suivants (par ordre d'importance):

- **La posture de la marque:** considérée comme un pilier majeur: écoute, disponibilité, considération.
- **La personnalité:** transparence (dire la vérité, pas de langue de bois), humilité, confiance.
- **L'ouverture:** proximité (parler simplement et directement, pas d'automates d'appels), envie d'échanger.
- **L'expression:** cohérence (entre le discours et les actes, entre l'interne et l'externe), modernité.

Source: Observatoire des marques en conversation, Commission Communication et Image d'Entreprise, UDA mai 2009.

Bibliographie

ARGENTI P., *Corporate Communication*, Mc Graw Hill, 2007.

BARTOLI A., *Communication et organisation*, Éditions d'Organisation, 1990.

CORNELISSEN J., *Corporate Communication. A guide to theory and practice*, Sage, Thousand Oaks, CA, 2004.

D'ALMEIDA N., *Les promesses de la communication*, PUF, 2001.

D'HUMIERES P., *Management de la communication d'entreprise*, Eyrolles, 1993.

EMSELLEM B., *Le capital corporate*, TBWA/corporate, 2001.

FOMBRUN C.J., *Reputation: Realizing Value from the Corporate Image*, Harvard University Press, Cambridge, MA, 1996.

FREEMAN R.E., *Strategic management: a stakeholder approach*, Pitman, 1984.

HARRISON S., *Public Relations*, Thomson Press, 1995.

HEBERT N., *L'entreprise et son image. La publicité institutionnelle: pourquoi, comment ?*, Bordas, 1987.

HUREL DU CAMPART S., *La communication corporate: enjeux et acteurs (entreprises/agences) de la communication des entreprises*, Dunod, 2003.

LIBAERT T., *Le plan de communication*, 3e éd., Dunod. 2008.

LIBAERT T et DE MARCO A., *Les tableaux de bords de la communication*, Dunod, 2006.

MARION G., *Les images de l'entreprise*, Éditions d'Organisation, 1989.

OLIVER S., *Corporate communication : principles, techniques and strategies*, Kogan Page, 1997.

REITTER R. et RAMANANTSOA B., *Pouvoir et politique. Au-delà de la culture d'entreprise.* Mc Graw Hill, 1985.

SCHWEBIG P., *Les communications de l'entreprise. Au-delà de l'image*, Mc Graw Hill, 1988.

VAN RIEL C.B.M., *Principles of corporate communication*, Prentice Hall, 1992.

VAN RIEL C.B.M et FOMBRUN C., *Essentials of corporate communication. Implementing practices for effective reputation management*, Routledge, 2007.

Index

conception
réalisation
mise en page
pca
44405 Rezé cedex

54587 - (I) - (2,5) - OSB 80° - PCA - MPN

Achevé d'imprimer sur les presses de
Snel
Z.I. des Hauts-Sarts - Zone 3
Rue Fond des Fourches 21 – B-4041 Vottem (Herstal)
Tél +32(0)4 344 65 60 - Fax +32(0)4 286 99 61
Août 2010 – 51665

Dépôt légal : septembre 2010
Imprimé en Belgique